AQUARIUS

AQUARIUS

AQUARIUS

AQUARIUS

Vision

一些人物，
一些視野，
一些觀點，
與一個全新的遠景！

1的力量

走出離婚低谷，30個過來人經驗，陪伴你自信重生

Mr.6 劉威麟（單親爸爸）◎著

【推薦序】

幸福，不是只有一種模樣

——一個人也可以過很好，才有辦法兩個人過更好。

文◎林靜如（律師娘・娘子軍創業平台女頭目）

這幾年，因為另一半的法律事業，經營了粉專「律師娘講悄悄話」，而在無意間造就了想到「離婚」，就想到「律師娘」。

每當我想要上網瀏覽一下自己過去寫的文章，搜尋我在網路上的稱號「律師娘」，建議搜尋字詞就會自動跳出「律師娘　離婚」。自己談離婚談到這麼有名，害我不知道該覺得開心，還是難過。

1的力量

從二〇一四年底到現在，寫作及經營社群六年多了，看了不下數千件的離婚案例，最終可以歸納出婚姻讓人不幸福的原因，其實只有一個，就是「放不下」。

不管是身在不幸婚姻中、或是已經離開婚姻的人，為了關係而糾結、痛苦、徬徨、失措、瘋狂、憤怒……失去了品嘗生活的能力，只能感受到對方帶給自己的傷害，卻忘了，人一生追求的就是幸福、快樂，而這件事，其實是掌握在自己的手上。

參加婚禮的時候，都會聽到大家對新人說：「一定要幸福喔！」

早年，我聽到這樣的祝福，都會覺得這是希望新人遇到一個「對的人」，而這個「對的人」會帶給她（他）幸福。

走到中年的我，看過那麼多幸福跟不幸福的婚姻，才體會到「一定要幸福喔！」更適合解釋成：「不管以後的日子多難熬，你都要記得讓自己幸福。」

雖然，說的人大概通常都沒想得那麼深層，就只是在一種歡樂氣氛下，脫口而出的善意。

然而，其實很多婚姻中會出現的考驗、折磨、隱憂，通常在準備婚禮的過程中，就已經暗藏、潛伏。只是，想要追求更美好生活的我們，不願意去面對。

婚姻哪有這麼簡單，相愛一輩子也沒有這麼容易。

●

有本討論婚姻關係的書《愛自己，和誰結婚都一樣》，書裡提到：「所有這些人（指離婚的夫妻）在結婚之初，都希望能找到自己的幸福，而且能給予幸福的正是自己的另一半。後來他們離婚，是因為他們覺得自己沒有得到當初所希望的幸福。跟這個人的婚姻看起來就像一個設計好的騙局。」就是在描述我們對美好婚姻的期待落空時，可能會產生的心理狀態。

但是，我後來發現，最後可以在婚姻這場難度極高的試驗場中存活或是安全下樁的，都是那種可以先把自己照顧好，不管是在經濟、身體或心理各方面，一個人也可以過很好，才有辦法兩個人過更好。

而要一個人過很好的人，就是要懂得放下執著、放下不屬於你的東西、放下不適合你的生活，然後永遠選擇可以讓自己過得比較好的那條路。

●

劉威麟在《「1」的力量——走出離婚低谷，30個過來人經驗，陪伴你自信重生》這本書裡，寫了很多真實案例，比如：

因為懷孕而結婚的小晴，婚後受盡媽寶丈夫和婆婆聯手欺凌。一開始，她害怕又無力反抗，最後終於決定離開這段只有折磨的婚姻。**「即便回到自己一個人，只要自己有了足夠堅定的力量，就能給孩子好的環境長大。」**

阿宏和妻子離婚後，女兒被前妻強硬帶走，官司牽扯許久，阿宏因長久都見不到孩子而沮喪不已。但一個轉念，使他重新振作。**「身為父親的他要先把**

自己過好，為孩子做出示範：愈是遭遇低潮，愈要讓自己的每一天更精采地活著。」

透過這些實例，就是想要告訴大家，不是你一個人特別倒楣，遇到一個不好的伴侶；而是，我們都是在「婚姻」這門課裡，學習如何好好讓自己跟關係共處，不論是選擇分開或是在一起。

最重要的是，你必須願意破除一切迷思，告訴自己：幸福不是只有一種模樣，它可以千變萬化，但只有你真心想要得到它，你才有機會掌握它。

【自序】

這本書，教你「重新創造」

——寫下這一切，不是鼓勵人們拋棄婚姻、恢復單身，
而是想要寫給陷在痛苦的婚姻中出不來，
或者走出來以後，因後續糾結而痛苦的你。

沒有到最苦，怎能聞到最香？
當婚姻走到幽暗深處，
無論離婚再怎麼痛、單親再怎麼苦，
明天還是有太陽。
因為回歸到一個人的生命本質，就是有力量。

又是一個不太幸福的真實婚姻故事，女主角一邊掉淚，一邊敘述著她永遠忘不了的那一天……

那一天，捷運象山站，她依約帶著三個孩子讓前夫探視。沒想到，前夫帶了兩車的親友過來，其中一車隱匿在後，沒讓她發現。

前夫的親友先抱起其中一個孩子，她尾隨喝止；這時候，另一車的親友竟偷偷地抄至後方，抱起了另外兩個孩子。

孩子們以為大人在跟他們玩，沒有哭鬧，也沒有抵抗。緊接著，所有大人和三個被抱著的孩子，統統都上了兩輛早已發動的車子，短短不到十秒鐘便揚長而去！

只剩下驚愕的她，一個人孤伶伶地站在原處。剛剛還在身邊的孩子們，現在一個也不見蹤影。

「難道只因為『作案者』是我的前夫和前夫的家人，就不能算是綁票嗎？」

急著找回孩子的她，透過法律程序做了好多事，但她的質疑，只換來相關人員這麼回答：

「媽咪，你十年後再回頭看看這件事，應該會有不同的想法。」

「有一天等孩子們長大，他們一定會回來找你的。」

什麼？還要等十年？還得等孩子長大？

哭光了淚水，這個單親媽媽做了一個不太一樣的決定——她報考了國內最高學府當屆的法律學分班。

每天下班後去上課，每天近午夜才回到家。靠著毅力，她一句一句地研究法條，一個晚上又一個晚上，深思不合理的法律死角。

她計畫好了，畢業後，她要努力地考上司法官。

現在的她，比以前更有自信、更明亮，而且更有力量。

關於婚姻的「斷、捨、離」

這個真實故事對你來說可能戲劇化了一點，也希望你的婚姻情節不至於落到這麼慘。

但，或許正是因為不至於這麼慘、不夠慘，所以，人往往也無法下決定。儘管嘴上嚷著要離婚、該離婚、必須離婚……卻仍然原地踏步。

當一個人遇到婚姻出狀況，面臨分開與否的兩難時，難免遲疑不決，腦子裡面裝滿了解決不了的問題，比如：

- 會有另一個人再愛我嗎？
- 要怎麼樣才能成功離婚，全身而退？
- 離婚，是對的嗎？
- 我無法離開我的孩子，怎麼辦？
- 從此我可能得一個人生活。等老了，是否就沒人陪我去醫院？

- 離婚的痛苦過程，怎麼撐過去？
- 我婚後就沒上班了……離婚後，怎麼賺錢生活？
- 孩子長大後，會愛我嗎？
- 我有罪惡感……離婚是不是很不對的事？
- 以前兩人這麼甜言蜜語，如今卻可能在法庭上憤恨相對，會不會很尷尬？
- 浪費了這麼多年的青春，怎麼辦？
- 長輩會好傷心，還有親友會以異樣眼光看我，怎麼辦？
- 離婚以後，別人會怎麼看我？
- 離了婚，我是不是就從此一個人老去？
- 離婚的人，在職場上容易受歧視嗎？
- 孩子的心裡會不會有陰影？
- ……

市面上有這麼多講親密關係的書，作者的背景有專業心理師、醫師、律師、法官等。而我這個搞網路的，懂的是矽谷的最新趨勢，在這個兩性領域，我有什麼可以幫得上忙的？

以我自己的經驗，與透過講座、演講、訪談等接觸的許多離婚男女實例，在這本書裡，我試著提出不一樣的方案，來解決專業人士所解決不了的婚姻問題。

我的婚姻是由兩個不同世界的好人不幸的結合。結婚第一年，我便遞出了離婚協議書，卻拖了近十四年才展開離婚程序；即便中途早早就先請了律師，也又拖了五年多才簽字，成為獨力扶養兩個孩子的單親爸爸。

在這段漫長的過程中，我深深感覺到身陷其中的孱弱，並且不希望有人再和我一樣，花五年、耗了快十四年，才學到我現在已經學到的——不是關於怎麼打贏官司、爭到小孩、減少扶養費或保護財產。

它是關於「斷、捨、離」。

從過來人的「婚姻故事」中，學習並感受

書中所舉的這些離婚故事的主角，有男有女，全都真實存在著，為了保護當

事人，也都經過大幅改寫。寫出這些故事，都事先徵得當事人同意，他們甚至很樂於把自己的經驗分享出來，希望過來人走過的路，對於陷入類似困境的讀者們能有幫助。

這三年來，他們先後參加了我舉辦的二十幾場活動，由此開始，我對他們的故事進行了深入探討，注意到他們的共通點都是：離了婚，過得比以前更好，而且還在繼續奮勇打仗，愈來愈發光。

然而，他們也曾經歷過：陷在一段爛攤子婚姻、有名無實的親密關係中，以為身邊還有一個人，以為床上還有一份愛，以為自己還能為這個家再盡點什麼責任、做些什麼……卻是一再凌遲著自己的人生。

回到文章的一開始——如果當年我剛好就在捷運象山站、站在這位單親媽媽的身邊，看到她跪在地上，哭得聲嘶力竭……希望有機會輕輕地對她說一聲：「恭喜。」

藉由這本書，想讓各位了解的是，碰上了離婚或是被離婚，不是太倒楣，而是我們太幸運。

根據內政部二〇一九年的資料，全台灣的「已經離婚者」只占了全人口的百分之七．八左右，「還在婚姻中」的人口數則是離婚者的六倍以上。的確，離婚不會是一條多好走的路，甚至有的人走得坎坷。

之所以寫下這本書，也不是在鼓吹拋棄婚姻、恢復單身。更精確的解釋是：

本書是寫給那些在痛苦的婚姻中，走不出來；或者走出來以後，仍因為財務、感情、孩子探視、打不完的官司等後續的糾葛，而痛苦不堪的人。

不是關於怎麼得到。是關於怎麼「放下」。

不是教你翻盤。是教你重新創造，讓人生因過往走過的那一段歲月而更明亮。

●

此書的誕生，要歸功於寶瓶文化的朱亞君社長。

在我自美國史丹佛大學電機研究所畢業的隔年，即大膽接受我越洋投稿，二〇〇二年時，出版了台灣第一本集結十八位優秀台籍博士生的留學指導書。

當時，我還沒有認識前妻。沒想到人生幾經轉折，竟然從留學書、商管趨勢書，寫到這本《「1」的力量》。

透過「Vision」系列，亞君發掘了多位素人作者，為這個社會帶進了眾多新視野。二十年來，亞君社長始終在第一線，親自導引新的作者，寫出新的「力量」，以帶給讀者更特別的文字體驗。

我只想說，能夠成為寶瓶的作者兼長期讀者，我實在很幸運。

學會真正地向伴侶說再見

令人痛苦的抉擇，卻也是意外的祝福

脫離婚姻的過程，可能「無痛」嗎？

婚姻的挫折，更讓我們看見自己的優點

與原生家庭、孩子，一起走向重建之路

當一個幸福的單身人

1

學會真正地向伴侶說再見

學會真正地向伴侶說再見

一旦選擇離婚，要有心理準備：在離婚之路上，雙方都會很辛苦，都得經過一番難以忍受的撕裂傷。有的人還得經歷一番冗長的司法抗爭，或親密關係之間的激烈拉扯。

而每一段過程，可能會令我們開始懷疑自己是不是做錯了什麼，不然怎麼會這麼痛苦、這麼狼狽不堪。

第一章，我們就來說說看，從兩個人相互扶持到一個人照顧子女，從甜蜜之家到一個人獨自睡去，這段過程，到底要怎麼捱過去。

首先，我們得先學會如何平和而堅定、最好是無痛地，對伴侶真正地說再見。

這不容易。

有不少人的痛苦是發生在「離婚後」。

比如，明明已經簽字離婚、甚至撕破臉，卻繼續和伴侶同住在一個屋簷下。

為什麼呢？有的是因為「不想讓孩子知道父母離婚」，或「不敢讓家人知道」，有的是因為還沒有想清楚、「暫時」先這樣……

說穿了，其實是尚未準備好和伴侶說再見。

那麼，到底要如何真正地與伴侶說再見？

學會一、退回到朋友關係，依然可以經營家庭

小東是我的學弟，對結婚這件事很小心翼翼。他夢想著遇上一個特別的女孩，可以分享彼此相近的興趣和個性，他認為這樣才能夠長長久久。

這樣的對象，還真的被他遇見了。他倆不但興趣像、個性像，都是心很柔軟的人，看悲傷的電影會一起哭，連長相也有一點夫妻臉。小東心想，能和一個這麼相通的人在一起，不知道是自己幾輩子修來的福氣。

沒有想到結婚以後，從過年的口角開始，兩人之間出現了奇怪的矛盾。

他們夫妻倆都很孝順，雖然婚後組了自己的小家庭，但是平常不忘拜訪彼此的父母，相處得很熱絡。然而遇到年節，問題來了。小東有自己的父母，妻子也有自己的父母，平常沒事，互相拜訪，但一到過年，第一年，依循傳統的禮俗：除夕夜在小東家裡，與小東的父母、整個家族一起圍爐；大年初二則回到妻子家，小東準備了豐盛的禮品送給岳父和岳母。

第二年，快到農曆年時，妻子對於過年有不一樣的想法。

「你也知道我是獨生女，去年除夕回你們家，跟你的爸媽和親戚熱熱鬧鬧地吃年夜飯，我想到了我爸媽。我不在，他們兩老應該就草草地吃了年夜飯，又沒有其他親戚相聚，早早就睡了吧……一想到這些，我就覺得心如刀割。所以我想，從今年開始改成這樣好不好？我們每年交換。去年除夕是和你的爸媽過的，今年除夕就換成和我爸媽。」

妻子這麼想其實合理，儘管小東心裡一時難以適應，但是沒有理由拒絕。然而，小東的爸媽完全無法接受這樣的安排，這一年的除夕夜，兩老以淚洗面地度過。

這是夫妻倆關係的一個重要破口，從此以後，其他的矛盾跟著開始一一浮現。

兩人協調好，年紀不小了，他們也都很愛小孩，婚後便趕進度生一個。有了小孩後，妻子辭職，自己帶孩子。

在朋友們眼中，他倆是浪漫的一對，喜歡看音樂劇、趕場看愛情電影，可是真實婚姻的相處，處處都是試煉。生了寶寶之後，各方面的挑戰更是接踵而來：好久好久都無法上電影院；為了多賺錢養家，小東一早出門上班，忙到深夜回家便洗澡睡覺，照顧小孩的擔子都在妻子的身上。

也因為經濟狀況不充裕，所以當娘家的烘衣機壞掉，妻子不希望找水電工去修，而堅持花一筆錢買全新的烘衣機時，小東爆發了——但其實早在此之前，他們已大小摩擦不斷。

如此相像的兩個人，生活中明明也沒有發生什麼很大的分歧，卻莫名地浮現矛盾。好脾氣的夫妻倆，最後竟然鬧上了警局——

那一天，妻子或許是因為月事來了，特別煩躁而收不住脾氣。另一方面，她因長期以來婚姻的不愉快，陷入嚴重憂鬱。兩人大吵起來，小東居然揮手打了妻子一拳。

就是這一拳，讓妻子報警了。然後她帶著孩子離家出走，考慮離婚。

小東對於那一拳懊悔不已。待在空無一人的家裡，回想起過去……不明白曾經多恩愛、多心意相通的兩個人，現在怎麼變得如此陌生。

他該怎麼辦？

明明那糟糕的一面已經擺在眼前了，
還要再抱著不切實際的幻想，
繼續糟糕下去嗎？

「我該離婚嗎？但我覺得我的婚姻並沒有糟糕到要離婚啊。」

當小東這麼問我時，我告訴他，「你的婚姻的確還沒有這麼糟。」

小東聽了，明顯地鬆了一口氣，沒想到我接下來的建議卻是，「因此，趁現在已看到矛盾，雙方還沒有完全失去理智的時候，好好地談分手，說再見吧。我明白你的傷心，但有些人就只適合做朋友，不適合結婚。」

即便是像小東夫妻倆這種個性幾乎一樣的，結了婚，也難說不會產生矛盾。

這樣說好了：**如果兩人結婚就像合夥開一間公司，你要選哪一種「夥伴」？**

我們免不了以為「愛」可以幫我們選夥伴，所以要選就選那個「我最愛」的人。

但婚姻是兩段人生的交會，這間名為「家庭」的公司裡，在愛的重要基礎之上，還有許多複雜的交織。帶著「愛是一切」的誤解結婚，難怪「婚姻公司」十家有五家會倒，剩下的五家常常在內鬥，表面沒倒，內部早就再也不開會了。

面對這樣的婚姻窘境，有一個或許比較容易說再見、對雙方也都好的方法，就是：「親愛的，讓我們退回到好朋友的關係吧。」讓這間不合適的兩人公司解散，各自營生，給彼此機會找到其他更適合的夥伴。

在這種狀況下，**離婚，不是離開，而是回去——回去當初彼此更好的那個關係，也就是夥伴型的朋友關係。**

小東和妻子育有一子，對他們的兒子來說，爸爸媽媽永遠都是爸爸媽媽。最好的狀況就是孩子繼續接受兩人照顧，且兩人可以為了孩子的教養而保持交流，成為一對「合作式父母」。如此相像的兩個人，做不成婚姻夥伴，但仍有機會以孩子為中心，建立起美妙的合作關係。

學會二、讓「過去」的自己，把你拉出困境

小柯剛度完蜜月，同事們祝福之餘，也不忘虧他，「蜜月剛回來，一定很累吧。怎樣？什麼時候生小孩呀？」

「唉……」小柯一言難盡。

大家笑問：「是太幸福了嗎？有什麼好嘆氣的？」

小柯幽幽地說：「度蜜月的時候，老婆告訴我，如果要生小孩，她必須辭掉工作，因為她想要自己帶孩子。我說找保母就好了啊。她說保母也是一筆花費，何況之前才有新聞報導，有個保母不小心把寶寶悶死了。所以她堅持要辭掉工作、帶小孩，她才願意生。」

同事秒懂他為何嘆氣。

小柯在位於一〇一大樓的大企業做工程師，薪水穩定，但收入遠不及妻子。他的太太是外商銀行的資深業務，上過好幾次雜誌，被視為金融界的明日之星。

「老實說，小柯，是不是你或你的家人想逼你老婆放棄高薪的工作，在家顧小孩？」同事發難。

另一個同事開玩笑說：「都什麼年代了，若比賺的錢，應該是『你』要在家顧小孩吧。」

「沒錯啊，」小柯悶聲說：「我有勸我太太，我們想辦法找到信任的人來照顧小孩，我們兩人可以繼續一起努力，在各自的領域發揮能力。」

女同事們紛紛給小柯比讚。但是，為什麼她仍要辭掉工作？

「她很堅持，」小柯嘆了一口氣，「她說覺得結了婚就得像結婚以後的樣子，她想好好做個母親。一旦有了小孩，事業對她來說就沒有吸引力了。」

同事不解地問：「你們在婚前沒有溝通清楚嗎？這種事情，本來就應該在婚前講好啊。」

小柯再嘆了一口氣。

「婚前，我只是很高興地覺得要結婚了。我們都很尊重對方，所以我想說婚後一切照舊，繼續為各自的職涯努力，沒有什麼不一樣的地方啊。」小柯說：「沒想到她心裡一直都是打算結婚後就辭掉工作的。我們還買了房子，一想到有幾十年的房貸要繳……其實問題不在她上不上班，理財的方式也都可以重新思考。而是她的說法好像在威脅我，讓我很心寒。」

●

關於「自己」這個角色在婚前與婚後的差異，我曾詢問過許多男性、女性朋友

（從年輕到中年、單身或非單身者皆有）的想法，回答教人吃驚。他們普遍都認為結了婚是「終於跨到了下一個時代」。

沒有真正認清自己想要什麼、這段關係的共同目標，而只是抱著虛幻的期待進入婚姻，不但自己在婚姻裡壓抑，也拖了另一個人下水。

婚姻不應該是某種關卡，不應該讓人犧牲掉全部的自己。

有女性朋友表示，踏上紅毯之後，滿滿的幸福，心裡的感覺是放下一個重擔，從此有事不必自己一個人扛，有強壯的肩膀靠，在大風大雨之中有了棲息的海港。

一位女性朋友原本在外商公司做得很開心，婚後放棄了工作，毅然決然地照料家裡。她認為那就是女人在婚姻中應有的角色——躺在一個肩膀上，幫助那個肩膀，而不是自己擁有一個肩膀（讓別人躺）。

的確，這是每個人自己的選擇。不過，聽到她說：「女人結婚後還工作，會被別人說話的。」我有點傻眼。這不是源自古早時代，關於男女分工的刻板印象嗎？

那麼男性對於自己進入婚姻，又有什麼期待？

當然，並不是每個男人都負責，但我遇過一些男性對於即將來到的婚姻，自我期許是「重擔來了，真好」，自己練了多年的厚實肩膀終於有人倚靠。

「不會累嗎？」我問過一位快要結婚的男性朋友。他回答，「我覺得一點也不會吧，因為我有責任在身，一定要給太太和未來的孩子幸福。」

我聽著，一邊敬佩他的責任感，一邊忍不住暗暗搖頭，心想：所謂的**「肩膀」**，**是互相的**吧。

進入婚姻的我們，有時不知不覺地落入了自己所設的限制和圈套，而失去一部分（或大部分）的自己。

那個原本的自己，在跨境來到不存在的門檻之前，沒有重擔，沒有一定得給出的什麼肩膀、或是一定得棲息的海港。

當你喚出原本的自己，讓那個自己走過來，摸摸你這張滿是婚後傷疤的臉，對你說：

「你到底怎麼了？逃啊，還不快離開，你都已經不是你自己了。」

你就知道怎麼明快地和這段婚姻說再見了。

學會三、一旦看到問題，就要當機立斷

「即便結婚了，牛牽到北京還是牛。」

珊珊和男友經由網路認識。男友說自己和前女友原已論及婚嫁，但是在最後時刻，才發現彼此個性不合。

珊珊覺得自己這年紀的選擇不多了，而這個約會對象還算可以：在科技園區當工程師，年薪很高，個性靦腆，標準的工程師性格。珊珊想，這也說明為什麼他看起來很想結婚，卻一直沒有結成。

珊珊的朋友們都勸她不要急，最好多觀察一段時間，交往個一、兩年，不會遲到哪裡去。

但她認為自己夠努力在觀察了。這個男人對她挺好的，似乎也沒有什麼重大缺點，唯一的缺點是他有時好悶，不太愛說話。不過，雖然不多話，每次需要他的時候，他就會站出來幫她出氣。

珊珊覺得他尤其善於傾聽。自己過去在職場的委屈、在前一段感情的委屈，還有在原生家庭的委屈，這個男人全都願意聽。聽完，會完全站在珊珊這一邊，和她一起義憤填膺地把那些人罵得狗血淋頭。這給了珊珊莫大的鼓勵。雖然他真的不太會說話，可是很為她著想。

為了籌備婚禮，這一天，兩人一起到婚宴會館。先前他們已與會館人員討論過，訂下了這裡最好的一個廳，每桌的價錢也都確認好了。沒想到這天再問起，服務人員卻說，上次訂的廳和他們原本要的並不是同一間，而且塞不下珊珊需要的桌數。眼看婚禮就要到了，卻出了這樣的錯誤，珊珊急得哭了出來。

沒想到，原本總是沉默待在一旁的男友，突然大聲怒吼。珊珊還來不及反應，只見男友衝上前，大家都還沒有回神，他一掌便將桌上的花瓶掃到地上，「哐啷！」花瓶碎得滿地。

原本在哭的珊珊被男友這個突然的舉動嚇住，停止了哭聲，反倒詫異地看著他。但男友好像並沒有感到彆扭，再度用力拍桌，然後開始痛罵服務人員。服務人員呆住了。其他同事聞聲而來，將珊珊的男友與其他人架開，怕發生衝突。同時有位資深經理趕來，客客氣氣地想向暴怒的他說明。

「我才不需要你們什麼說明！你們把我的女朋友弄成這樣子！」男朋友大吼。

珊珊驚嚇得無法言語，但，心裡有一絲絲感動。

他們搭計程車回家。下車時，司機催促珊珊的動作快一點，男友聽了又暴怒，用力把鈔票甩向司機的臉。下車後，還用力甩上計程車門，「砰」的一聲巨響。

——那是好多年前的事了。

直到珊珊和這個男人結婚很多年之後，這一天，她鼻青臉腫地站在朋友面前。朋友驚問怎麼回事，她才把那段令她心驚的往事說出來。

朋友問她當年為什麼都沒有講，說她傻。珊珊只幽幽地說：「我們就要結婚了，這種事怎麼可能講。而且那時我覺得他是為我好，他看起來像是在保護我。」

儘管到了這個地步，珊珊竟然還下不了決心離婚。

●

其實早在婚前，珊珊便從一些徵兆發現男友有點不對勁，但她選擇視而不見，忽略自己的真實感受。婚後即使受了家暴，但她仍寄望丈夫會改變、會不一樣，然而，對方沒有要調整的自覺。結果就是失望。

珊珊不明白：人與人之間，不是可以溝通、協調嗎？或者像一個團隊，成員們為了共同目標，可以摒除己見、互相合作。為什麼面對婚姻大事，一個人卻無法改變？

那個不對勁之處，就像冰山露出於水面的部分，你所看到的只是冰山一角，看不出它在水面下的實際體積有多大。而對方在婚前為了美化自己，只是稍稍將他的冰山上端往旁邊移了一點點，於是你以為「他應該會改」，你們倆在婚後是可以好好合作的。殊不知下方的那一塊龐然大物一直在原處，從來沒有移動過。

他表面上改變了，實際上完全沒變（不是故意的，是真的很難改變）。

如果這座「冰山」剛好是某些重要的事，那麼，遲早會浮出水面，變成婚姻中的重大問題。

●

小妙的男友在兩人交往時，常常在喝了點酒之後，對小妙惡言相向，有時甚至動粗。事後他都辯稱是工作壓力太大了，並安撫小妙說他會學習控制自己，他會改。

婚後，小妙卻發現丈夫即便換了壓力較小的工作，仍是一樣。稍有不高興，他就會暴言暴語，有時拳頭還會「不小心落下來」。

他不是說自己會改嗎？怎麼會這樣？

民青的太太每當心情不好，就把所有事都丟著不管，民青得向公司請假去接送年幼的孩子，並且一個人擔下家裡所有的事情。

原本，民青覺得甘之如飴，可以照顧妻子，感覺很好。然而，當婚姻愈走愈深，他驚覺妻子並非只有偶爾如此，她根本是天天都心情不好。他擔心妻子有憂鬱症，哄著太太去看醫生，診斷結果是沒生病。民青鬆了一口氣，卻又想不透太太到底是怎麼了。

孩子原本是妻子自己帶，但是她的狀況愈來愈糟。民青沒辦法天天請假，便將孩子託給保母。

妻子放著大小事都不管，也沒關心過丈夫蠟燭兩頭燒的疲累。苦口婆心地勸過，吵也吵了，民青感到真的無法再與妻子共同生活下去，這時才驚覺：其實真正的她，一直都在他面前。回想婚前，她本來就是這個樣子。她從來沒有變過；是自己太傻、太天真，只選擇自己想看的。現在，一切都來不及了。

●

這幾個案例的共通點是：其實在婚前，他們都觀察到了對方的問題，但總是被某種藉口蒙蔽，以為婚後就會神奇地不見（或保持原樣）。**明明那糟糕的一面已經擺在眼前了，還要再抱著不切實際的幻想，繼續糟糕下去嗎？**

一旦對方越軌、踩了線，不應該給對方任何理由，該趁這個時候，勇敢地說再見。

學會四、選得了伴侶，卻選不了伴侶的家人

兩個人結婚，是兩家人的結合。有的時候，問題不出在對方，而是對方的家人。

讓我們來看看小麗的故事。

那是幾年前的事，朋友小麗問我是怎麼稱呼岳父和岳母的，她想要參考一下。當時，她的婚期剛定，雖然還沒正式訂婚，但每次到男友家，她就有一種壓力，因為男友的親戚們都在注意她怎麼稱呼未來的公婆。

每次拜訪男友家，長輩們都好熱情地招呼她，並且期待未來媳婦的回應。但小麗就是叫不出口。

「李爸爸、李媽媽好。」她小小聲地說，盡量將「李」字講得輕一點點，聽起來像是在叫「爸爸、媽媽」。

由於心中的某種障礙，她就是沒辦法開口叫出「爸爸、媽媽」。

關於這一點，小麗和我討論了很久。我是男性，也有一樣的壓力，得稱呼岳父母為「爸爸、媽媽」。他們還算開明地叫我別這樣稱呼，所以我不必照著叫（當然，我的前妻也不必照著叫）。我滿好奇的，為什麼小麗不逢場作戲一下就好，大聲地叫個兩聲，習慣以後，或許就不會覺得怪了。

「我就是做不到，」小麗說：「不知道為什麼。」

有一天，小麗跟我聊到她未來的公公和婆婆。突然間，我有點懂她的心結卡在哪裡了。

小麗的公公愛簽六合彩，閒來沒事時，穿件汗衫或打赤膊便上街閒晃。「我從沒看我爸這樣穿過。我爸永遠都是紳士模樣。我實在很看不慣未來的公公那樣子。」小麗說，一邊噘起嘴，「人家說，公公現在的樣子就是老公的三十年後。如果是這樣，我一定會和他分手。」

那婆婆呢？不叫爸爸，叫聲媽媽也好呀。

小麗大嘆一聲。「還好我男友沒要求我和公婆住在一起。」小麗說：「我婆婆非常強勢。和我媽完全不一樣，我媽是沒脾氣的。雖然現在婆婆表面上對我很和善，但從許多小地方可以發現，我未來的婆婆是個狠角色。」

我想我大概知道原因了。

要一個人（比如小麗）對其他人喊出「爸」、「媽」如此尊敬的稱呼，一定得是對於對方有基本的敬意才行。不是愛，而是敬意。男友的爸媽是小麗無法尊敬的長輩。做個樣子她可以，送個禮物她可以，但要她開口真誠地喊「爸、媽」，她完全做不到。

聽起來只是一件小事情，對嗎？

顯然到了婚後，在小麗丈夫的眼裡，這是一件大事情。

他很快就發現了，質問小麗，「我爸媽對你這麼好，為何你就是對他們不太有禮貌？」兩人經常為此事吵架，有時嚴重到冷戰好幾天。

而且真如人家說的，老公愈來愈像他父母，而小麗也愈來愈像她父母。就像小麗在婚前所觀察到的，雙方的父母是完全不同世界的人。小麗和老公從新婚不久，便開始漸成陌路。

這段婚姻只撐了五年。

●

那天，我巧遇小麗，她正要陪爸媽去吃飯。我問候她的心情，探探她的近況。

小麗笑著說：「現在，我每天下班後就帶著便當回家，和爸媽一起吃。看著他們慢慢地老去，我在想，如果我還在那段婚姻中，一定沒機會像這樣陪著他們。」

我可以理解那笑容是什麼意思，那叫做圓滿。

更開心的是她身旁的父母，笑得嘴開開的。原本看著離婚的女兒流淚，沒想到女兒**走出那段不快樂的婚姻，找回自我，過得更開心。**我想，小麗的父母一定也覺得此生更圓滿了。

【真實案例1：小晴的故事】

兩年半的地獄試煉，讓她變得強大

聽了小晴的故事，我像被釘在椅子上，久久無法動彈。我深深地感受到這位個頭小小的年輕媽媽，心裡如何被牢牢地困住。她就像戴上金箍的孫悟空，被對方以緊箍咒玩弄於股掌之間。

婚後，丈夫一家人露出勢利、霸道的真面目

小晴成長於南部，和父母與哥哥、妹妹一家五口過得很幸福。她考上公務員後，找到了穩定的工作。由於工作環境不易認識新對象，透過學姊介紹，認識了後來的

丈夫。

她一路順遂的人生，就這樣轉成噩夢。

兩人從認識、交往、懷孕、生子……其實就只有兩年半的時間而已。短短兩年半，竟讓小晴有如經歷一場地獄般的試煉，但也令她變得強大。

剛交往時，一切都滿好的。男友對她很體貼，小晴欣喜怎會遇見這麼好的人。

交往半年後，某天，小晴發現自己懷孕了。男人聽了便說，他們去辦結婚登記吧。

當時，小晴的腦海閃過一個念頭，「好吧，為了孩子。」不能讓小孩的身分證上「父不詳」，應該給寶寶一個完整的家。

然而從這時開始，她卻察覺到男友的不對勁。比如，雖然他主動說要辦理結婚登記，但是小晴一跟他提起要補辦婚宴，他就找理由推託，甚至大發脾氣，言語之中對小晴和她的家人不太尊重，偶爾還爆粗話。

登記如此匆匆，這對速成小夫妻來不及覓新居，婚後兩個月了，還是分開住。

之後，小晴搬進了夫家。一搬進去，她就覺得不對了：夫家要求小晴盡快融入他們家大大小小的規矩，包括衣服洗完後怎麼晾、東西吃完了怎麼收。小晴習慣穿室內拖鞋，但夫家的人不准她穿，說穿了拖鞋就表示嫌他們家的地板髒，是不尊重他們家……

兩人開始吵架，大小事都吵。

●

儘管早已辦妥結婚登記，但小晴始終盼望能有一場正式的婚宴，她想披上婚紗。小晴的父母也希望女兒有一場正式的婚宴，以昭告親友。他們表示不要傳統的聘禮，大聘、小聘都不收，希望夫家幫忙付喜餅的費用就好，費用是十幾萬元。夫家開名車，卻對這區區十幾萬元斤斤計較，跟親家討價還價。肚子愈來愈大的小晴，不禁懷疑自己是否淪為一個生產的工具。

小孩出生之後，狀況更糟了。

進了月子中心，兩人仍在討論補辦婚禮的事。丈夫始終不同意，反應愈來愈激烈，講話也愈來愈酸。他念小晴，「給你這麼好的環境，你只會享受，卻不知感恩！」產婦是需要休養的，丈夫卻天天在月子中心和小晴吵上三、四個小時。他疲勞轟炸似的一直大聲講話，小晴往往只能聽，無力回嘴，覺得很崩潰。

丈夫從房間一路跟小晴吵到交誼廳。他不只罵小晴，連他們家都羞辱，說的都是很難聽的話。

「你爸沒○○的，才會娶那個破○老婆，就只是一個臭○○○而已！」

聽他講出這種話，小晴簡直不敢相信自己的耳朵。結婚的喜悅猶在心頭，但，這就是婚姻嗎?!

●

小晴知道雙方的家人、成長環境都不一樣：丈夫的家裡長期經商，他繼承家業；小晴的爸媽做小生意，她則是個交遊單純的上班族。但她怎麼也想不到，原本對她很貼心的男人，竟然有一天會對著她這樣罵。

更可怕的是，有時在罵完之後，丈夫卻又對她好起來。

某天，在月子中心的房間裡，丈夫突然從後面抱住小晴，想要親近她。這讓小晴覺得很不舒服，她本能地推開，丈夫突然又變得凶狠，很生氣地搶走她的手機。兩人從樓上拉扯到樓下，在工作人員的勸告下，小晴總算拿回了手機。

她連忙躲回房間，但才剛鎖上門，就聽到有人魯莽地在轉動門把——她先生有房間的鑰匙！

門一開，憤怒的丈夫就衝進來，把房裡的所有東西全都搬走，連沐浴乳、洗髮乳也不留。

那一晚，小晴好害怕，怕丈夫隨時可能再回來。天哪，她竟然在恐懼可能被自己的丈夫傷害！直到隔天早上，她才鬆了一口氣地想：「啊，我還活著。」

這是第一次，她有了一個念頭，**「我想逃。」**

隔天，小晴接到月子中心告知她的丈夫來了，並要求將寶寶送到房間裡。

丈夫大概是氣消了，想求小晴原諒吧。但她不想再待在這裡了，她請朋友和護理師陪著收東西，不告而別，走出了月子中心。

離開的時候，感覺很奇怪。雖然結婚還不到一年，但她覺得彷彿不再是完整的自己。看似輕盈離去，心裡卻好重。

有朋友勸小晴離婚吧。「離婚後，你可以過得更好。」朋友說。

但小晴根本做不到啊。婚姻就是這麼奇妙又恐怖，明明才登記成婚不到一年，如今想到要回到獨自一人，就覺得站不起來，好像自己不再是一個完整的人了。

她覺得從月子中心逃跑的自己像逃家的小孩，終究還是得回家——回到丈夫的家，因為她生了孩子。

對，就是孩子。她完全放不下孩子。即便新婚丈夫的暴行讓她一想到，就渾身發抖。

夫家也希望她回去，繼續當他們家的媳婦。

小晴在外面住了幾天。她放不下這段婚姻，但，她也不敢回去那個夫家。

幾天後，小晴忍不住了。好幾天都沒有寶寶的消息，她忍不住思念，打電話給丈夫說想要回家看小孩。丈夫不接電話，她請朋友陪著來到夫家。

丈夫開門見到小晴，原本理所當然地認為她是在外面過不下去，要回家住，等知道妻子只是想來看小孩時，他立刻轉身對著門內大喊：「媽，小晴又來亂了啦！」婆婆憤怒地跑出來，狠狠地對她說：「我又沒有孩子。孩子不在我們這裡。」不回家，就不能看孩子——那副冷酷的模樣，小晴永遠記得。

有了母親撐腰，丈夫更狠了，發怒著用力拍桌子、罵粗話，嚇得小晴和朋友趕快再次逃離。

過了幾天，丈夫打聽到小晴回娘家了，竟然帶著媽媽和一群親戚來到她家門口，不是找小晴，而是對著岳父母大罵小晴沒有盡妻子的責任、沒有盡媳婦的本分……顯然意圖在平靜的街坊之間引起騷動，讓左右鄰居全都聽到，對小晴一家指指點點。

丈夫盼不到小晴回家（她當然不敢回家），便天天上傳自己和寶寶的合照，還寫道：「小孩哭成這樣，一定是知道媽媽遺棄他了。」

有一次，丈夫突然傳來訊息問：「寶寶一直哭，怎麼辦？」

小晴著急地趕回夫家，然而，丈夫不但不讓她進門看小孩，反而開始沒事似的對她說教，「小孩有狀況是正常的。孩子要用愛心、恆心、耐心來照顧……」

大街上，小晴跪了下來，哭著對反覆無常的丈夫說：「可以讓我看一下我的小孩嗎？看一眼就好。求求你們……」

鄰居們來來去去，沒有人理小晴。丈夫則是拿著手機，在距離她臉龐十公分的地方，近拍著妻子臉哭花的模樣。那一天，小晴在門前跪了長達二十分鐘，始終沒見到小孩。

見到妻子為了看孩子，甘願低聲下氣，丈夫明擺著欺負她。「你不來和我當夫妻，我就不讓你看小孩。」兩人拉拉扯扯，他毫不遮掩對妻子的輕蔑。

見不到小孩，更堅定她要離婚的心

如今回想起來，小晴說，還好她那個問題老公「牛牽到北京還是牛」。如果當時，丈夫和婆婆會作戲，一把鼻涕一把眼淚地請求小晴回家，重修舊好，她真的會因為太想孩子而乖乖回去，但從此她卻會被困在那個夫家，更難脫身了。

好在那時丈夫表現得一次比一次更誇張，原本心腸很軟的小晴失去了所有期待，不會再被騙回去。**她開始看清楚自己到底要什麼。**

小晴決定要打官司。這場婚姻，她離定了。

●

主動提出離婚的小晴，原本天真地以為法律能夠給自己保障，至少她能定期探視新生的孩子，讓剛出生的小寶寶享有母親的愛。

小孩出生了近四個月，一直看不到兒子的小晴，才終於第一次母子重逢，那次是在法院。由於她在法院申訴有了作用，孩子第一次出遠門竟是來法院找媽媽。

小晴終於抱到孩子，但還沒把他看個仔細，又被夫家那邊抱回去了。幸好，社工在一旁幫忙拍到了兩張很漂亮的照片。

法院判定，小晴可以享有每週一次的週末探視。不過，夫家怎麼可能讓她如此簡單地如願以償！

丈夫要求她只能一個人到他們的約定地點，但她不敢，找了親人坐在遠處。丈夫一看到有其他人也在場，立刻拿起電話威脅，「要不要我叫我媽媽來？我叫我媽來，我叫我媽來把事情鬧大。」小晴緊抱著小孩不到十分鐘，只能匆匆離去。

事後，她向丈夫抗議，他僅冷冷地說：「是你先破壞規矩。」什麼規矩？明明是他自己訂的規矩。

第二次，丈夫故意不帶小孩，先走進餐廳確認有沒有其他人在。小晴的親人躲了起來，卻還是被他發現，結果他直接帶孩子離開。回家後，他卻在臉書上打卡說他確實帶小孩見了媽媽，以這種作弊的方式向法院交代。

●

要見到孩子是如此艱難，但小晴鍥而不捨，試了另一條路。她請相關單位安排一位諮商心理師為她和丈夫做協商。

沒想到，丈夫在心理師面前完全變了一個人。他祭出感性訴求，求小晴回家，甚至念了一段感謝太太的話，一把鼻涕一把眼淚的誇張演出，竟然成功地讓心理師對他頗有好感。

有一回，心理師幫他們約好：選一間親子餐廳，丈夫帶孩子來，讓小晴能母子相聚，並且不能錄影、拍照和在臉書打卡。

老公終於聽話，讓小晴和孩子玩了四個小時，寶寶在她身上睡著了兩次。跟寶寶玩的時候，小晴覺得孩子似乎沒有什麼笑容，也不太會互動，反應和其他小朋友不太一樣。她很心疼，但又能怎麼樣？她覺得婚姻實在是二十一世紀最大的騙局，而她先生更是其中最會騙的。

此時，丈夫突然開始莫名地挑釁她，語氣激動，從二樓吼到一樓，再一路吼到停車場。才剛大罵完，又猛地從後環抱小晴，不許她走，並且傷心地說：「為什麼我們要抱著小孩在這裡吵架？為什麼不能一起好好地回家？」

好好地？小晴前一秒被狠罵，現在卻被緊抱，非常不舒服。她冷回：「你再不放手，我就要報警了。」

老公瞬間又暴怒，轉一圈就用力把小晴甩在地上，把她摔出了一塊近十公分的大瘀青。

此時，寶寶大哭起來。趁著老公一時分心，小晴趕快衝進自己的車內並鎖上門。丈夫卻緊追著衝過來，拍打車窗，堅持說：「先約好下一次，才放你走！」

這時的小晴，早已不是過去容易心軟、恐懼的小晴了。勇敢的她逕自開走了車，留下丈夫和孩子在原地。她忍不住淚水，但也在心裡提醒自己：別忘了，先離婚，確保自己的權益。法律上，夫妻離異後，本來就應該雙雙擁有孩子的探視權。離婚後，誰都無法剝奪她的探視權。

小晴忍下對孩子的思念。她目標堅定地告訴自己：**「我一定做得到。」**果然在不久後，這個很會裝的男人終於露出了破綻，而且是在法庭上，百口莫辯地被抓包了。

世上有多少人因為怕丟臉，不敢離婚？

夫妻關係走到這個地步，丈夫卻堅持不離婚。明知道雙方家庭已經完全撕破臉，兩人的感情再也無法挽回，但夫家仍為了面子問題而繼續要求小晴回家，以維持婚姻的假象。

世上有多少對夫妻是因為怕丟臉，不敢離婚？

此時，小晴很清楚，為了能順利探視孩子，她要透過正式離婚，讓法律保障她的探視權。

曾經為他們兩人居中協商的諮商心理師，對小晴丈夫的印象一直都不錯，因為每次他在心理師面前都裝得很乖、很有感情。小晴靈機一動，要求心理師請丈夫帶著母親，一起去諮商。

這招果然奏效。身為媽寶的先生有母親在身旁，就變得完全不一樣。後來，相關人士轉述當天的情形，關在諮商室裡的小晴丈夫講話激動又大聲，連門外的法警都差一點要衝進去。

小晴終於透過法院，與前夫達成協議，成功離婚，並獲得假處分，她每兩週可以見到孩子一次，並且與孩子共度一晚。

上一回看到孩子時，他只能獨自踏出一兩步，現在已很會走路了。終於又再見到孩子，小晴悲從中來，緊緊地抱著他，告訴他，「媽媽已經成功離婚了，以後你可以定期地看到媽媽，媽媽也一定會來找你。」

但，事情還沒結束。就連兩週一次的母子時間，前夫仍百般阻撓。

有一次，小晴的探視時間到了，前夫母子倆一同開車到他們約好的大賣場停車場，前夫的媽媽很明顯是想在孩子面前激怒小晴，一逕對她大罵，「你到底要鬧到什麼時候？為什麼鬧得這麼難看？」孩子在車上親眼看著母親被祖母慘罵。不過，小晴沒有落入圈套，無論怎麼挨罵，她都保持著開朗的微笑，她要讓孩子看到一個健康又堅強的母親。

另一回交接孩子時，前夫跑過來，故意跟她拉扯，還用力捏她。過程中，小晴始終帶著笑。接著她拍拍孩子，不慌不忙地走到櫃檯，請他們報警，並找了一間可驗傷的診所。孩子被她妥善地保護著，不哭不鬧。

前夫見這些方法都無效，再次把孩子藏起來。連續好幾次，小晴準時出現在相約交接孩子的大賣場，但是都落空。其中有一回，前夫的媽媽出現了，故意抱著小孩在小晴的面前走來走去，就是不讓她碰，然後抱著孩子跑回車上，加速駛離，硬是不讓小晴摸到孩子。

●

面對前夫家的惡劣行徑，小晴只能又回到法庭。在法官面前，前夫再次辯稱都是小晴自己沒有去接孩子，而且她連一通電話都沒打。小晴則說，前夫根本就封鎖了她的電話號碼。

此時，法官靈機一動，當庭要求小晴拿出手機打電話給前夫，並打開擴音讓在場的每個人都聽到。結果連續撥了幾次號碼，每一通都直接被轉進語音信箱，前夫的手機連一聲也沒有響。謊言被戳破，前夫面紅耳赤，法官則大怒，「先生，你知道你剛剛都在裝傻嗎？」

法官進一步發現，前夫在臉書上打卡交接小孩的日期，有好多次都不正確。法官當庭裁定這是一樁必須特別注意的案子，前夫不但應該立刻讓小晴看孩子，且必須每次都回報探視的狀況。這下子，前夫再也賴不掉了。

遲來的正義，讓小晴很有感觸。這麼難離的婚姻，她最後能成功地訴請離婚並探視成功，關鍵就在**自己不再感情用事，不再指望去仰賴任何人的同情心，冷靜地等待時機出現。**

原本天真又單純的小晴，經過了這段時間的纏訟，成長得堅定又強大。

她有了勇氣，向前夫要「更多」。

她發動了最後一場戰役——現在，她要爭取孩子的監護權。

前夫所做的事一一被證實違反了「友善父母原則」，對小孩不利。亦已構成改訂監護權要件。社工拜訪後，也建議改成由小晴單方監護。發生了這麼多肢體衝突，更證明小晴的前夫及其家人並不適合帶孩子，無法給孩子良好的成長環境。

小晴則已經準備好，做一個情緒穩定又健康的單親媽媽，把孩子養大。

要知道，「開戰」對小個子的小晴來說，是多麼難的決定。一想到前夫那些暴言暴語，小晴還是發毛，但她至少不會再發抖了。

無論結果如何，她已經靠自己的力量，拋開了婚姻的陰影。

當年自己說了「Yes」而造成的兩年半速成地獄，如今破繭而出的，是一個全新而完整的小晴。

兩個人勉強維持婚姻，孩子反而可能更受苦

我問小晴，對我們的讀者，她有何建議。

小晴說，過去的她覺得一個家應該有爸爸、有媽媽、有小孩。當初她就是為了讓孩子有爸爸，才去登記結婚。

如果重新再來一次，當她發現懷孕了，會怎麼做？

小晴毫不猶豫地回答：「生下小孩，然後自己顧。」

她希望把這樣的思考角度分享給更多人知道：我們可以談戀愛，也可以生小孩；生了小孩之後，仍然可以繼續談戀愛。但，絕對不要被對於家庭的迷思所迷惑。兩個不適合的人，卻因孩子而一輩子綁在一起，受苦受難的不只是夫妻兩人，更辛苦的可能是孩子。

即便回到自己一個人，只要自己有了足夠堅定的力量，就能給孩子好的環境長大。

如果要請小晴的孩子自己選，他也不會希望走到這個境地的父母繼續在一起吧。

當年的小晴，並沒聽過這樣的故事。若是聽過，她肯定不會糊塗。

2

令人痛苦的抉擇，卻也是意外的祝福

令人痛苦的抉擇，卻也是意外的祝福

一個人結婚是帶著目的的。比方說，想生孩子，這就是一個目的。想要有個人牽著手終老，這也是一種目的。

青春的初澀戀情，目的很單純：偷嚐禁果，享受愛情的滋潤，一起作夢。隨著年紀漸長，我們開始懂得把愛情包裝成誘人的糖果；兩人吃下後，再包裝成一個豪華的雙層蛋糕，請來雙方家人共同享用。然而在有些關係裡，當愛的小窩的門一關上，美麗糖衣一褪，「目的」就像一隻張牙舞爪的野獸，漸漸侵蝕了原本鋪滿在窩裡的愛，讓婚姻變成了一個永遠欲求不滿的黑洞。

直到有一天，我們有能力選擇要繼續待在婚姻裡，或者瀟灑地離開，那我們才是真正的自由。當我們能為自己重新掌握「離」或「不離」的決策權，才是人生中真正的喜宴。

生命的變化，難免令人不安。離婚與否，更是兩難的抉擇。無論小孩是否在身邊，離婚都是從原以為相依相守的雙人舞，重回自己一個人——想到這點，不禁讓人恐懼，畢竟太習慣身旁有另一個夥伴。自己有辦法一個人過日子嗎？沒有孩子在身邊的生活，有多孤單？他雖然外遇，可是對我還是很好的，該不該再給他一次機會？……

這一章提供的五個思考角度，乍看你可能會驚訝，「原來我可以這樣想？」其實對許多人來說，婚姻撞牆本來就像是坐上三百六十度雲霄飛車，那令人忍不住尖叫的瘋狂大轉彎。所以我們不妨跳脫出來，以一種驚喜的方式來考慮是否要回到一個人的日子。

祝福一、少了擔心對方出軌的煩惱

晚上，小優翻來又覆去，怎樣都睡不著。在旁邊的丈夫都已經打起鼾來了，她卻忍不住搖醒了丈夫。

「老公，我睡不著……」她幽幽地說。

丈夫拍拍她，說：「寶貝，放輕鬆，等一下就會睡著了……」他話還沒說完，又開始打呼。

「從前你都會坐起來陪我聊天，現在只會打呼。」小優說：「今天這麼晚回家，沒事先打電話告訴我。中午打手機找你，你也沒接。我今天撥了好幾通啊……」

小優邊說，邊搖著丈夫。見丈夫終於坐了起來，她一頭鑽入他的懷裡，繼續追根究柢地問：「你中午到底去哪裡了？為什麼不回我的手機？怎麼一直避著不回答我？是不是心中有鬼？」

丈夫一如往常地嘆了一口氣，對她說：「現在是半夜了，你不用上班，但我明天得上班哪。拜託，讓我睡了吧。」

其實，小優在丈夫的辦公室已經很有名了。因為她每次一找不到先生，就會打電話到同事們的分機，問自己的老公去了哪裡。大部分的同事都接過小優的電話。

然而，愈是看似堅實不破的防禦，卻往往就讓人愈想找出漏洞去鑽。

不幸地，小優的擔憂後來成真，她的丈夫和部門裡的實習生偷偷摸摸地在一起了。諷刺的是，小優如此嚴密地防守，竟然從來沒有察覺到丈夫和實習生的事，直到兩人吵了好幾個月的架，最後以離婚黯然收場，她才發現原來他早就已經有了新對象。

但有一天，朋友們看到離婚後消失好一陣子的小優，看起來神清氣爽的，黑眼圈也不見了。

小優說，她在淚水流光以後，想通了。**離開了充滿擔憂的婚姻，她再也不失眠，並且重新思考及學習兩個人在一起，彼此如何建立和維繫信任。**

丈夫的離去，曾讓她心死。不過如今，她對朋友說：「丈夫的離去，反而讓我的心活起來了。」

最親密的人，許多時候卻是那個最後才知情的人。

有人因為擔心另一半外遇，做了各種防備。譬如，看到某一支奇怪的陌生電話號碼打給伴侶，就開始逼問對方是誰。

這樣從細節處去找魔鬼，偷偷地觀察，不但耗費心力，也讓自己感到更不好受。

這種嫉妒心，這種醋意，是出自於渴望占有對方的欲望。占有欲真的是親密關係裡，最可怕的魔鬼。

真正的愛對方是可以真正地為對方著想，而不是強占對方、綁住對方。但只要在意，就難免會想占有。

所以如果有一天，必須考慮離開婚姻、回到一個人，至少你值得一聲「恭喜」，不必去胡思亂想對方是不是出軌，因為已經沒有一個「對方」要去傷腦筋了。

婚姻不需要拔河，自己就是自己。

祝福二、不再被婚姻內的「有毒話語」霸凌

小趙自從創立公司以來，一直對員工很好。某個女性員工從公司創辦之初就加入，是胼手胝足的戰友，在公司開業初期，小趙會帶著太太和孩子們，跟這名員工和其他同事們一起慶功、慶生，這是小公司特有的溫暖。

小趙經營有術，小公司很快地成長為大公司。口齒伶俐的他成了媒體寵兒，形象正直、誠懇，每當有勞資糾紛或食安問題，甚至政治事件，媒體常會找他訪談。

沒想到對外形象很好的小趙，到了今年，公司內部卻很不平靜。有人莫名其妙地突然離職，還有人向媒體發黑函，控訴公司苛待員工。

有一天，小趙約一位剛遞出辭呈的老員工談話，想知道他為什麼要離職。老員工一開口便滿是憤怒，他告訴小趙，「老闆，我從同事那邊聽說，你今年想多配一些股利給你自己，但這樣會犧牲掉我們員工的年終。其實，不只我不高興，很多同事都很不滿，聽說有人打算集體離職。」

小趙生了疑心，心想：「奇怪，多配股利給自己這件事，我只有在家裡開玩笑地提過。公司怎麼會有人知道呢？況且，我並沒打算真的那樣做啊。」

當天回到家，他和唯一知道此事的妻子提起，她酸溜溜地說：「最近你們公司一直有人在離職，是你自己管理不善，怎麼怪到我頭上來了？」

小趙覺得更奇怪了，太太怎麼會知道他公司最近一直有人離職？

顯然，有某個人從公司向他太太通風報信，彼此交換信息，而且還把小事情講成大事情，將隨興的聊天散播成跟真的一樣。經過調查，小趙發現早期的那名女員工與自己的妻子，竟然就是這些謠言的來源。

後來，他一次處理掉兩個人：一個是那名女員工，一個是自己的老婆。他本來就在和太太談離婚，發生此事後，更決定明快地完結一切。

●

許多人因為要面子，當婚姻有狀況時，會認為只能是自己提出分手，從來都無法接受自己是被離婚的那個。有時，為了維護自己在旁人眼中的美好形象，反正與伴侶的關係已崩壞，便先下手為強地對別人說起另一半的壞話。甚至出於怨恨等因素，向對方罵出不堪入耳的話語。

令人擔心的是，若孩子也常常聽父親或母親罵對方，甚至對著孩子講伴侶的壞話，對小孩會造成什麼樣的影響。

我就曾是那個被抹黑的對象，完全懂得那種驚懼，以及被虛構的莫須有之罪給誣害的厭惡感。進入婚姻，卻成了某個祕密王國的主角，甚至變成被以既定印象定型的惡人角色。長期被這樣指責，真的是令人痛不欲生。

結束那段婚姻後，我終於得回久違的清幽，找回了對自我的美好尊重。我不再是某一個祕密王國裡面的壞主角。

我也不再自我懷疑。因為脫離了日積月累的被指責，我重新認清了：**我的價值不是取決於別人怎麼說，而是由我自己決定。**

祝福三、找回你自己

身為每天朝八晚十一的辛苦上班族，已結婚生子的小邱放假時去的地點，都是像迪士尼、環球影城等，孩子想去的地方。雖然他會想辦法在行程中安插一些自己或妻子喜歡的活動，譬如登山、騎車、健行，但計畫趕不上變化，孩子的狀況變化多，一下子沒睡午覺，一下子又哭哭鬧鬧，夫妻倆常常不能如願以償。

有一次，小邱安排了一趟精采的輕旅行，可是飯店的球池實在太好玩了，孩子看到後，立刻發了失心瘋，堅持隔天一定要待在飯店。於是，後來的爬山行程全都取消了。小邱待在飯店，看著窗外的陽光，心裡超不捨。明天就要回去上班了。好不容易才有個假期，下一次要碰到這麼好的日子，得待何時？

他一邊陪著孩子玩，一邊傳訊息和朋友聊天。朋友安慰他說：「沒關係啦。再過個十年，你們就自由啦。等孩子長大，你反而會懷念這段和孩子在一起的時光。」小邱滿懷疑的，因為等到孩子長大，他也老了。到時候，他會非常懷念鍾愛的登山、騎車、健行……

沒想到，還沒到那一天，事情有了變化。

那次旅遊回來沒多久，太太竟開始和他談離婚。很快地，他們談定，小邱變成探視方，前妻是照護方。但兩人有些項目沒談好，一言不合就進了法院爭訟，這令小邱感到很難受。直到朋友的一句話提醒了他：「上次說你要等十年，現在你只要再等十個月，就可以恢復自由了。」

他原本不以為意，結果還真的被這個朋友說中了。法院判決後，孩子被前妻帶走了。

連續好幾個月，小邱都看不到孩子。由於萬般思念小孩，他睡不好，必須靠安眠藥才能入眠。

朋友來詢問他近況，聽他說官司已結束，慫恿他，「趕快出來玩啦。你已經恢復自由身了，還宅在家裡做什麼？」

朋友們幫小邱安排了一次東海岸之旅，好巧，他住進了上次與前妻和小孩住過的那一家飯店。結果，實在太棒了。他上山、下海，從日出的雲海看到落日的輝煌，晚上還有小酒和小菜，與好友放肆大笑。

當晚，他經過飯店裡面的球池，看到有許多小孩和大人的鞋子擺在外面，聽到裡面有小孩的笑鬧聲。他的心裡揪了一下，但馬上又提醒自己試著放鬆去想。

孩子就在他心裡，對他這個爸爸的愛也都會在。倒是**他對自己的那一份愛，是不是還在？**

小邱從沒想到，離婚卻讓他找回自己，得以做自己渴望去做的事。

家走了，時間卻來了。這是我從許多離婚男女聽到的心聲，尤其是身邊沒孩子的人。

與其因孩子不在身邊而哭泣、悲傷，長期陷入負面情緒。**何不試著換換這個角度來想：孩子由另外一方照顧，自己雖然看不到孩子，但因此而獲得一些時間可以運用。**

可以好好地享用晚餐；去健身房跑兩圈；好好去看場電影；晚上愛早睡就早睡，愛晚睡就晚睡；幾點回家也沒人管。到了週末，觀光景點塞滿了忙碌的家長帶著孩子們，但你可以自由自在地睡到中午，或者到處溜達，不需要管任何人。要做什麼事，有大量的時間給你慢慢做。

以前我們說：事業做很大的人，背後往往有一個美滿的家庭。然而，最近更常聽到某某高管或企業家，離婚之後，事業反而做得更大了。為什麼？關鍵之一就是這些空出來的時間，讓他可以投入更多心力到事業，使它長得更高、更壯，開花、結果。

祝福四、有機會重新親近、享受愛情

小芳是金融大老的千金，前夫是名校畢業的科技大廠小開。當年，他們只交往了幾個月就結婚，辦了一場盛大的婚禮。

不過，新婚才幾個月，她一抓到丈夫偷腥，立刻閃電離婚。無論丈夫怎麼後悔、道歉、保證不再犯，她絕不回頭。她相信有一就有二，絕不讓自己過電視上那種可憐兮兮的正宮的日子。

離婚以後，小芳原本打算要很快地再結一次婚，因為她實在太失望、太傷心，無法接受自己的魅力輸給那個小三。或許是為了證明給前夫看，或許只是對自己嚥不下這一口氣，所以從離婚那一天起，她就到各個交友網站、ＡＰＰ申請了帳號，當成是慶祝離婚，開始瘋狂的找伴之旅。

三十幾歲的小芳沒有孩子，身材火辣，每天有回不完的訊息。但，她是認真要找婚友的，所以她非常小心地過濾訊息。雖然她不再要求門當戶對，但也得注意一下對方的背景，價值觀不能落差太大，以免日後在相處、甚至有了孩子後的教養上，想法會相差太多。她的理想對象是年齡比自己大、和自己一樣從國外留學回來，經過篩選，符合條件的剩不到百分之一。

幾次約會下來，小芳更失望了。這些會面，她不稱為約會，比較像是面試。有了一次失敗的婚姻經驗，她不敢再掉以輕心，對於每個對象，她都很小心，也不想浪費時間。她利用一杯咖啡的時間，就看清楚對方的底細，評估兩人適不適合一起走完下半生。

有幾個人看起來和她前夫一樣，文質彬彬，神采飛揚，學經歷都很好，但是聊了幾句，卻令她想起不好的回憶。只要讓她想起了前夫，她就認定對方以後會有外遇。這一次，她可是肩負著要重組家庭的任務，不容許失敗啊。

有些男人的談吐與長相沒有這麼突出，看起來老實，雖然背景也都很優秀，但小芳又覺得不來電。她無法想像要和這個人住在一起，還要共同生活一輩子，連一杯咖啡的時間她都撐不到了。

於是，小芳卡關了，遲遲沒有進入下一段感情。十幾年又過去了。她想，或許自己再也找不到下一個丈夫了。

又過了幾個月，她有個領悟——如果不是為了結婚而結婚，自己放寬心，只是找個交往對象，是不是就不需要這麼多牽牽掛掛的考量和條件？

只要有感覺，就先試試看吧。

於是，她修改了交友條件，不再是婚友。用這些放寬了的條件，重新送出，再一次搜尋交友平台，馬上就跳出了更多令她怦然心動的男士。她對自己說，只要談得來的，就多見幾次面吧。「人生就這樣子而已。」

沒想到，隔天就遇到了他。

他是小芳夢寐以求的男子。在沒有壓力下，兩個人愉快地約會，天南地北地聊天，沒有任何「必須如何」的緊迫性。小芳突然看到自己：近五十歲的年紀，可以展現這個年齡的經驗與成熟，滿身都是優點，不必一再地感受到年華逝去的遺憾。每一次約會，都令她體會到什麼是真正的愛情啊。

●

親密關係裡面，難免有善意的謊言；但也有極為卑劣的蓄意之作，或不負責任的吹牛。「愛情」兩個字，有時候只是「自私」二字的華麗版而已。

有伴侶的，騙對方說自己單身，或是和伴侶的感情差到已經分居、正在談離婚

（其實還睡在同一張床上）。明明正在和某人交往中，卻裝作還是單身，不敢在社交媒體上與對方公開露面打卡，大頭貼也不放任何「已被訂走了」的蛛絲馬跡，如此還可以繼續保持身價。

被抓到了，有人對正宮辯稱「我最愛的是你」，謊言一個接一個，包了一層又一層；轉過來，與小三或小王如膠似漆地黏在一起，騙對方「我們就快要有下一步進展了」，其實只是打拖延戰術，能多拖一天是一天。

真正的愛情，得在坦承、如實、透明之下，才能發生。對方愛你最真實的一面，才是真的愛；而你也因為表現出最真實的那一面，才能放鬆地愛。

有了這樣的認知，當愛情到了，可以隨緣，因為已無所求，也沒有目的。沒有目的的愛情，談起來最自由自在。**最美好的愛情，是在這樣一種輕鬆、自在的狀態下找到的。**

不需要在身邊，可以是遠端的；可能是萍水相逢，也或者是刻骨銘心的好一陣子。當愛情到了面前，我們會知道它終於來了。但，我們是不是能給自己這麼一個機會，去見到它？

還是，我們只願意一輩子都陷在如爛泥般的假夫妻、假愛情、假關係裡？

祝福五、跳脫「填無底洞」的循環，重新思考與金錢的關係

J先生是創投基金的管理人。經手管理著數十億美金的他，早已累積了一筆相當豐厚的財產。朋友常叫他應該退休了，他卻覺得錢不管怎麼賺，都還是賺不夠。

「年輕的時候，希望可以和女朋友買一個小窩，」他嘆：「所以我拚命賺錢，希望有一天能成功。」

大家聽著。

「等到女朋友變成老婆，生了孩子，除了房貸以外，每個月的支出更多了。我繼續努力賺錢。」

其中一個朋友開口，「誰不是這樣子期待的。可是你不一樣啊。你都已經有第一桶金了，現在已經賺夠了吧？」

「第一桶金，只夠我一個人省吃儉用地一輩子不必工作，」J先生說：「但是不可能啊。我們家出門搭計程車、出國搭商務艙，我老婆愛住五星級飯店，每逢節慶就要送包包。所以我只好繼續工作。」

大家點點頭，心想：沒辦法，你們家養尊處優慣了。另一個朋友問：「可是你後來已經賺到第二桶金、第三桶金，甚至第四桶金了吧。還不夠嗎？」

「不夠呀。就算我可以帶著太太跟兩個孩子到我自己老，但是我的孩子還不夠呀。」J先生說：「我想讓兩個孩子擁有吃穿無虞的一輩子，所以我又繼續工作。」

一輩子需要多少錢？已經賺這麼久了，應該夠一家幾口一輩子都無憂無慮了吧。

「我算過，確保一個人一輩子不必工作，每個孩子至少需要『幾個億』。」J先生回答。

真驚人！那一家四口不就得超過十億才夠用？「不過以你的身價，也應該早就超過這個數字了吧。」我說：「可以休息了，老兄。你這個工作狂，不要再找理由了。」大家笑了起來。

「唉，你有所不知。」J先生卻認真地說：「就算能確保孩子一輩子吃穿無虞，但他們是否需要創業基金呢？我不希望他們一輩子坐吃山空。如果他們想創業，跟我要錢怎麼辦？所以我繼續工作，幫他們掙創業基金……」

聽了J先生的故事，我的感受特別深。但，當時的我和J先生一樣，沒有其他選擇。我明明知道我每天忙著「婚」天暗地地賺錢，搞差了身體；尤其到了婚姻的最後幾年，心力交瘁，心臟不舒服，醫師診斷為「血管平滑肌痙攣」，是一種比較罕見，由緊繃情緒所引起的心臟病。但我也只能一直、一直投入，為我從這段婚姻所產生的「全家人」，投注更多所謂我這個「一家之主」該做的事。那時，如果有人問我，為何我這麼努力地賺錢。我想，我應該會和J先生一樣，給出一個嚴重失衡、不知所云的答案吧。

離婚的那一年，我剛好有機會賣掉了公司，算是得到個人的第二桶金。同時，為了給離婚後的孩子更完善的照顧，在無從選擇之下，將原本公司僅剩的所有業務也都轉讓予夥伴，辭去一切忙碌的外務，完全離開工作，專心做個居家的單親爸爸，獨力照顧兩個孩子。

雖然錢賺得少了，存款卻可以百分之百地由我支配、運用。跟孩子們過得簡簡單單，省吃儉用，生活竟也不輸從前，甚至更清幽、自在。

這才發現，原來婚姻中的我們，是多麼地自我蒙蔽著——雖然在離婚後，家裡只少了一個與我同輩的成年人（前妻），在財務上，卻代表著少了一大片未知的風險、一大半看不清楚的投入。

離婚後，我看清了，所謂**最好的未來，必須先從更好的「現在」開始。**現在的我不再只是賺錢、省錢，我更開始「花錢」，在尚未步入老年之前，先豐富了每天的生活。

離婚與財務的關係，是離婚的人比較敏感、尷尬，但也很關鍵的議題之一。婚姻中的問題，錢不但無法解決，有時還會將其複雜化；一段不愉快的婚姻，裡頭的財務有時是不透明、不安全、不簡單的。等到終於沒有婚姻後，你所賺的每一分錢，才真正可以百分之百地投入幸福。你也才發現，原來自己早就已經如此「富裕」——不是金錢上，而是精神上、心靈上。

【真實案例2：小詩的故事】

被趕離家，卻讓她找回真正的自由

小詩一直騙自己，丈夫晚歸應該不是外遇，待得知實情，已經非常遲了：兩個女兒被丈夫和小三搶走，而她只能在社區的會議室見到親生女兒。

不過，後來丈夫和小三又連續生了三個孩子，讓小詩突然清醒了……

原本說很愛你的那個人，變得不對勁了

小詩從小在一個愛的環境長大。

高中時，爸爸經營的建設公司破產了。禍不單行的是，不久，媽媽突然車禍過世。

一年後，爸爸將小詩與姊姊託付給親戚，買了一張到對岸的單程機票。臨行前，他只對姊妹倆留下一句話，「爸爸這次出門，會去久一點。」這一去，竟再也沒回來。

家裡的巨變，讓小詩默默地渴望有天遇見好對象，成立一個家，重建家裡的愛與溫暖。

後來與小詩相戀的男孩，是她國中同學的男朋友。兩人在路上巧遇，她問起他女友的近況，男孩說已經分手了。當時他們互留聯絡方式，沒多久就開始交往。而此後的國中同學會，為了避免尷尬，小詩就不敢參加了。

兩年後，兩人結婚了。

●

起初，一切看似美好，唯一讓小詩不解的是，身為升學補習班老師的丈夫經常很晚才回家，有時甚至徹夜不歸。當小詩問起，他不是說和班主任談事情，就是跟朋友打牌，忘了時間。

小詩心想：「愛他，就要相信他。」

不過，有愛的人，往往也會特別留意對方的一言一行，尤其很容易觀察到原本說很愛你的那個人，有哪裡不對勁了。

小詩的第六感就讓她起了疑心。

有一天，她發現丈夫帶回一張汽車旅館的發票，他卻推稱是學生給他對獎的。此後，類似的事情又發生好幾次，丈夫更是愈來愈常徹夜不歸，小詩仍想辦法催眠自己應該相信他，是自己太多慮，太神經質。

但是，她開始睡得很不安穩。每天晚上把兩個孩子哄睡後，一點、兩點、三點……每個小時，她都會驚醒，摸摸丈夫是否在身旁。

直到半夜三點，他仍沒回家，她便再也睡不著，坐到客廳的沙發上，看著那扇安靜的門，等待丈夫轉動鑰匙的聲音。通常他都到五、六點才回來。

當時，兩個女兒才五歲和三歲。

有一次，丈夫又是清晨才回家，累得倒頭就睡。小女兒玩起爸爸的手機，小詩制止孩子，拿起手機發現沒上鎖，瞄到丈夫不知和誰的訊息對話，裡面有一句：「親愛的悠婷」。

悠婷是誰？

小詩忍住了，沒有多說什麼。進公司後，她上臉書搜尋「悠婷」，一個一個點進帳號看，結果整個人都傻了。有一個「悠婷」的大頭貼竟然出現小詩的丈夫，兩人親暱地貼臉合照。

生平第一次翻丈夫的皮夾，竟是為了找關於另一個女人的線索，小詩感到欲哭無淚。令她震驚的是，皮夾裡有一張她從沒看過的提款卡，上面簽著「悠婷」的名字。

小詩失了神，根本無心上班。總算熬到中午休息時間，她趕忙打電話給丈夫，問他，「誰是悠婷？」丈夫語氣平靜地辯稱悠婷只是「普通朋友」，他只是幫忙匯款轉帳而已。

再一次地，小詩說服自己，「好吧，身為他的太太，我應該相信他。」

驚險過關後，小詩的丈夫踩著妻子的信任，更是有恃無恐，變本加厲地愈來愈不回家。於是，小詩開始網路肉搜，在ＩＧ上找到「悠婷」的帳號，並查到她是超商店員。

是哪一間超商？她靈機一動，回頭查看「悠婷」的臉書，那張親密大頭貼的按讚數很多，其中有幾個人是同一所大學門口的超商店員。

她裝作是客人，一進門就看到「悠婷」站在櫃檯後方。這個女人似乎不認識她。

小詩按捺住激動，隨便買了一樣東西，然後離開。

一夜之間，親密愛人變成陌生人

事情爆發的那天，丈夫來電說今晚在高雄有課，不回家。晚上十點時，他打電話給小詩報平安，還叫她不要擔心，他等一下就會乖乖回宿舍睡覺。此時，小詩決定行動。

她事先打聽到那個叫悠婷的女人輪下午班，工作交接時間是晚上十一點，於是請一個朋友先到那間超商等到晚上十一點。

交班時間到了。「她開始收東西，看起來很正常啊，單純只是準備下班而已。」幫忙監視的朋友不斷透過電話與小詩聯絡，還問她，「是不是你自己想太多？」沒想到不到一分鐘後，她收到了朋友拍到的畫面——正是小詩那位應該在高雄的丈夫騎著摩托車來到超商門口，載著悠婷離開！

小詩崩潰了，她再也無法否認丈夫真的有外遇。

過去有好幾次，每當她質疑丈夫的可疑行蹤和奇怪的行為，丈夫明明有錯在先，卻總是先聲奪人，反過來怪她，說她有強迫症、控制欲、疑心病太重，令她反而懷疑起自己是否真是這樣的人。如今看到朋友傳來的照片，她一度感到舒坦，因為至少可以確定自己並不是丈夫罵的神經病。她的那些憂慮都是真的。

小詩的心裡竟有一種釋放感。

接下來，她只想討回公道。

那晚，她不停地打電話給丈夫，撥出好幾通都沒人接。後來，他總算接起電話。

小詩劈頭便說：「我知道你不在高雄。」

謊言被揭穿，男人一言不發。小詩接著說：「你在哪裡？我們談一談。」

丈夫終於開口了，語調卻是她從未聽過的漠然。他冷冷地反問：「你想怎樣？」

小詩說：「我已經知道一切了。你把她也帶來，我們可以一起談。我只是想把話講清楚而已。」

此時已是深夜，小詩把孩子們託給朋友，帶著破碎的心出門。在另一間超商外，她見到一夜之間變得好陌生的丈夫。

她還沒來得及開口，先說話的是做錯事的丈夫。那句話，她永遠都記得。

「你為什麼要這樣來抓我？」原以為自己再熟悉不過的丈夫，此時的表情、樣貌，卻和今夜之前完全不同。「我們各玩各的，有什麼不好嗎？」

她被這句話哽住，愣了好久，才總算穩住自己。

「我跟你結這個婚，不是要各玩各的。」小詩傷心地說：「我是要和你經營一個家的。」

一直以來，她是多麼渴望建立一個穩定的家。兩個無辜的孩子還在等著爸媽回家呢。但，他們的「家」還在嗎？

無論小詩說什麼，丈夫都是冷笑，一副不在意的樣子。顯然他再也不需要戴著面具了。

●

小詩是個不知道怎麼發脾氣的人。當晚談到最後，她知道和已沒了心的男人再怎麼講，都沒意思了。忍著心痛，她問曾相愛的這個男人，「今晚你到底要不要回家？」

丈夫回答：「會回去。」

後來，小詩回家，哭完了兩包衛生紙後，他的確回家了。

小詩以為自己還有一點時間思考下一步該怎麼辦，不料就在隔天，前晚才被抓包的丈夫先傳了訊息給她，「沒辦法跟你住在一起了。」

在孩子面前，他把家具一件一件搬走，還找朋友來搬走洗衣機、冰箱、廚具、盥洗用品……

男人從小詩生命中奪走的，不只這些。

當天下午，他去兩個女兒上學的幼兒園，接走了小孩。小詩直到下班後照常去接孩子時，才得知女兒早已被爸爸接走。她不知道丈夫搬離家後住在哪裡，打電話找他要討回孩子，但他不是故意不接電話，就是通了電話之後，也不送回女兒。

同時失去了丈夫和孩子，小詩幾乎無法工作。每天最重要的事情就是不斷打電話給先生，拜託他讓自己見見女兒。

丈夫心情好的時候，會跟小詩說他們在某某餐廳，「你要來就來吧。」然而當她匆忙丟下工作，衝到餐廳時，才剛見到兩個女兒，丈夫又硬是把她們帶走。

正宮與小三面對面

某一次見面時，大女兒提到隔天「爸爸說要帶我們去○○蛋糕店做點心」，小詩細心地記下。隔天下班後，她特地到那家店旁邊等著，想和女兒一起做蛋糕。沒想到，大老遠就看到丈夫帶著兩個女兒，還有「悠婷阿姨」，一家和樂似的慢慢散步過來。

她這才會意到丈夫的盤算。

原來，丈夫在漫長的婚外情期間，由於小詩的默默忍讓，竟讓小三有足夠時間參與她兩個女兒的成長過程。她們從很小時就認識了這個「阿姨」，和阿姨的親密程度不輸給媽媽。

小詩摀著嘴不敢出聲，躲起來，默默地擦著淚水。

等女兒玩了十分鐘左右，她才走進店裡。丈夫看到小詩，非常驚訝，旁邊的「她」則尷尬地笑著。兩個女兒看到她，天真地說：「媽咪，這個要分給你吃喲！」她對女兒擠出開心的笑容，同時感到好心疼。

做完點心後，小詩對著叫悠婷的女人說：「方便和你單獨談幾句話嗎？」

商場外，兩個女人第一次面對面。

小詩原本不想太火爆，對方竟先發制人地嗆她，「你是孩子的媽媽，可不可以好好照顧她們？」

她一時愣住，還在思考這句話是什麼意思，叫悠婷的女人繼續咄咄逼人地說：

「你女兒還在你那邊的時候，就一直在生病。」

小詩正要開口駁斥，悠婷又說：「反正你就是沒把小孩照顧好。你到底愛不愛孩子啊？」

這種指責太無聊，小詩懶得回應。她心想：我的女兒感冒，你就可以把她們接過去養嗎？我是孩子的媽啊。

她最想問的是所有正宮都會問的問題，「你明知他是有婦之夫，這樣每晚住在一起，你覺得自己的行為合理嗎？」

悠婷卻一派自然地回答：「我只是去幫你老公照顧小孩而已。我們沒有外遇啊。你有看到我們兩人怎麼樣嗎？」

小詩接著再問：「你覺得這種行為，小孩看到了，會好嗎？」

對方蠻橫地說：「坦白講，幫忙照顧兩個孩子是看在你老公的分上。說實在的，這兩個小孩怎麼樣，和我一點關係也沒有。」

怎麼會有人那麼沒有是非善惡之分?!

小詩本來想跟她好好談的，此時心一橫地想，這女人和她丈夫都是亂七八糟的人，其實滿配的。

更荒謬的是，小三這時反過來對她這個正宮好言相勸，「離婚不會太差啦。我爸媽也離婚了，你看我，不是活得好好的。」

小詩悲戚地心想：是啊，活得好好的。介入別人的家庭、占了別人的兩個女兒……而我竟然傻得直到現在才看清楚全局。

●

沒過多久，丈夫訴請離婚，兩人在調解庭協議離婚完成。小詩沒和他搶當孩子的主要照顧者，甚至還天真地想，每個人都有選擇配偶的權利，那就兩人共同照顧小孩吧。

對這樣的丈夫，小詩不再留戀，所以離婚的過程很簡單，但她倒是有個體悟：最困難的事，是兩個人仍有勇氣再回到這個家，重新建立這個家。

女兒被前夫「綁架」了

小時候，雖然父母忙於工作，常不在家，但她還是被愛著長大的。她以為兩人雖然離婚了，女兒們仍能在爸爸與媽媽共同的愛之下成長。但這一次，她徹底錯了。她沒想到前夫與女友為了徹底擊潰小詩，想盡辦法要將她完全趕出兩個女兒的世界。

小詩的兩個女兒到底是怎麼被前夫騙走的？

離婚後，兩個女兒都跟著爸爸，小詩則依照協議，每週五下午接女兒，週一早上送她們上學。但才持續兩個月，前夫突然通知，他已將小孩轉到另一所學校，事前完全沒有讓她知道。

一個月後，他上法院告小詩，要搶兩個孩子的單獨監護權。

無所不用其極的前夫，為了逼退小詩，曾經拿出一張高達五萬元的女兒家教費收據，要求她共同負擔。後來她發現這個「家教」其實是前夫的同學。

前夫一邊想盡辦法搶監護權，一邊繼續「綁架」著兩個年幼的女兒，只准小詩在週末時探視。

有位朋友看不下去，告訴小詩，她的女兒在和他們家孩子玩的時候，不經意地透露，「爸爸說了好多媽媽的壞話。」她從沒聽女兒提起過，她們可能是貼心地怕媽媽傷心，不敢告訴她。

小詩聽了雖然難過，但不想起衝突。幾天後在接孩子時，她只是提醒前夫，「有朋友觀察到你一直在說我的壞話。我們之間的事情，不要轉給孩子。」

前夫本性盡露，惱羞成怒地大吼：「我到底說了你什麼壞話？你說說看啊！」

他女友嗆得更大聲，「你實在很吵，很煩人耶，趕快滾到一邊去！」

面對如此強勢的壓迫，小詩不敢再回應什麼。那段時間，她經常哭泣，孩子不在她身邊，她很沒安全感。

●

有一晚，前夫的家人向她通風報信，說他好像帶女兒去驗傷，疑似想要誣告小詩打孩子。這場婚姻如此收場，前夫家對她是感到歉疚的，小詩也滿感謝他們願意這樣通風報信，讓她有心理準備。

到了週末看小孩的時間，前夫和女友下樓，還有個陌生人一起。

前夫自從離婚後，從來不敢看著小詩的眼睛，這天，他更是對著地板說話，「小女兒說你一直打她，所以她暫時跟我住。」

此時，陌生人遞上名片，原來她是來自家暴中心的社工。

小詩無奈地表示，女兒已經十天沒有跟她住了，身上有傷怎麼可能是她打的。她反而擔心是不是前夫或女友打的。

社工聽她講完，卻說：「小詩小姐，我們不是不相信你，只是目前我們得到的消息，可能是你打的，所以就從你這邊開始處理。」

從她開始處理？那不就表示她暫時見不到小女兒？這太不公平了。她努力想說服社工，但是社工為了孩子的安全，也只能照著規章走。

見不到小女兒……那她總可以帶大女兒走吧？這天是大女兒的生日，她很想有一段母女倆的獨處時光，還約好了一群朋友帶著孩子們，一起為大女兒慶生。她手上提著一大袋派對用品。

大女兒被喚下樓。社工先和大女兒講了幾句話後，帶她來到社區的會議室。隔著長桌，對面坐著社工和大女兒，前夫坐在女兒身旁。女兒的神情似乎有些僵硬。

小詩拿出特別準備的生日帽，問女兒，「要不要跟媽咪一起過你的生日？」前夫在此時插話，「你如果跟媽咪去，妹妹就得一個人在這邊喔。」

大女兒愣住了，接著開始搖頭，眼淚不停地落下。

小詩永遠忘不了令她心碎的這幅畫面。這是逼孩子在骨與肉之間，做出選擇啊。

小詩放手了，讓社工與前夫帶著大女兒回家。

她自己一人來到生日派對。大女兒最愛的彩虹小馬生日蛋糕，她默默地以淚水切了，分給大家。

原以為可以牽手一輩子的男人，離開了她。原以為可以一起長大的親密女兒們，也離開了她。

此後，每個星期，小詩都只能到前夫家的社區會議室和大女兒相會。每次還不到半個小時，前夫就打電話來催促，「好了，孩子該回家了，我們要出去吃飯。」

每一回，小詩都會問：「女兒，你要不要跟媽媽回家？」

大女兒卻只是機械式地說著同一句話，「我要和妹妹在一起……」

心態自由，便有了繼續打仗的力量

一段婚姻演變至此，真讓小詩懷疑天理何在。但是漸漸地，她深有體悟，所有的不公不義，自然會有應得的後果。

這天，她參加久違的國中同學會，遇見當初曾和她前夫交往的那個同學。多年沒見，她看到小詩說的第一句話卻是「對不起」，因為聽說了小詩的婚姻狀況，她非常後悔沒有先提醒小詩。

「其實當年我是發現他有習慣性劈腿，才跟他分手的。」同學說。

更令小詩震撼的是同學透露，在他們分手後、遇見小詩前，他曾經讓一個女人未婚懷孕，孩子生下後，他只付生活費，完全不願見孩子。

沒想到他竟然是個狠心拋棄親生孩子的人。

前陣子，小詩得知前夫的女友「又」懷孕了。

前夫帶走女兒這三年多以來，已經和女友生了兩個小孩，現在他們又懷了第三個。以前夫的經濟環境，要照顧五個小孩非常吃力，而這對於離婚後，事業發展順遂的小詩而言，是她爭回兩個女兒監護權的有利條件。

這麼一想，小詩繼續面對與前夫的監護權纏訟時，發現**過去的弱勢與恐懼不再。如今的她，心態自由了。**

●

儘管前夫仍舊只讓小詩在社區的會議室見孩子，但有一次，小詩打電話給他時，清楚地聽見了小女兒在旁邊大叫：「我也要下去找媽媽！」前夫試圖阻止，但再也無法阻擋小女兒對媽媽的思念。

母女倆快半年沒見面，小女兒一看到媽媽，很開心地拿出她這半年來畫的圖畫、新玩具給她看。「媽咪，這些都是我的……」小詩一邊流淚，一邊看著。

又到了大女兒的生日，雖然沒把握女兒會不會收，小詩仍然用心準備了生日禮物。沒想到大女兒一看到她，就哭著問：「媽咪，你去年要給我的生日禮物還在不在？」小詩哽咽得說不出話。

其實**孩子都知道，孩子都知道啊。**

3

脫離婚姻的過程，可能「無痛」嗎？

脫離婚姻的過程，可能「無痛」嗎？

在我看來，由婚姻所組成的家庭是一種很特別的「組織」。這個組織由伴侶結婚所創立，有的加入小孩為成員。組織基本上是穩固的。兩位創辦人照顧這個組織，對它有責任，以愛灌溉，並從中獲得愉悅感，這就是經營得好的一個家庭。

不過，就像公司一樣，並不是每個家都經營得這麼好。有時候明明經營不善，照理說應該要倒閉，有些家庭卻是應該倒閉卻倒不了，或者無法和和氣氣地說再見。

曾經辦過一場活動，邀請剛離婚或正在離婚中的男女一起參與座談。令我意外的是，現場來了好幾位離婚超過十五年的資深前輩。

一開始，我相當欣喜，可以聽一聽這些資深離婚者的心情故事。不知當自己離婚十五年後，會是怎麼樣雲淡風輕的感受。

意外的是，離婚十五年以上的他們，心情一點也不雲淡風輕。和我們這些剛離婚的人一樣，非常憤慨地講述前夫或前妻的種種不是，諸如當年對方是多麼差勁、對他們有多糟糕等等。已經是十五年前的事了，他們卻講得好像是昨天才發生，細節皆交代得非常清楚。

想想，這些資深人士當年離婚時，我還沒結婚哪。我熬了快十四年的婚姻而離婚；他們離婚已超過十五年，卻還沒有走出離婚的傷痛。

所以，離婚真的不是一件簡單的事。

即便簽下了離婚協議，所有案子都結了，你心裡真的已經離婚了嗎？

不只是還在婚內的人在想著能怎麼全身而退；有一些已經離婚好久的人，從來都沒有離開過婚姻的陰影。

有沒有什麼巧妙的訣竅，可以幫助我們有機會無痛離婚，讓我們在決定「離」或「不離」的兩難中，更容易下決定呢？

首先，讓我分享自己的經驗。辦過多場相關活動、聽過形形色色的離婚案例，我發現自己的離婚過程相對順遂。

對比我和前妻在近十四年婚姻中的爭吵嚴重程度、最後五年「要離不離」的掙扎，最後那半年，雙方各請律師，經過幾個月的討論，竟然就順利地簽妥離婚協議書。兩個孩子順利地如我所願，歸我獨力監護。

離婚後，一切也歸於平靜，孩子更迅速重拾往日笑容。

我到底是怎麼做到的？

即便回到自己一個人，
只要自己有了足夠堅定的力量，
就能給孩子好的環境長大。

訣竅一、多找律師，多講幾次自己的故事，挑一個最好的

記得後來讓我下定決心奮力探詢離婚的方法，是妻子帶孩子離家出走。那不是她第一次那樣做。我知道她不開心，而我也真的感到非常驚慌、害怕，好怕從此再也見不到孩子。

當時，我在極度驚慌失措的情況下，上網搜尋「家事律師」，然後帶著亂七八糟的情緒，蓬頭垢面地走進律師事務所的大門。或許也有人是像我這樣吧？

我找的第一個律師很不合適。

記得他聽完了我所說的，並沒有給出實質建議，還一直把我有幾個孩子、分別是幾歲記錯。他一再地重複問我已講過多次的細節，並且不時瞄向自己的手機。結束後，他急著向我收諮詢費，也不是很關心我的離婚計畫。

或許也是我自己心情太凌亂，沒辦法將發生的事講個清楚吧。

但是當時，妻子已經帶孩子離家，消失蹤影，我需要的心理安慰其實遠大於實際的法律指導。只能說，當時那位律師和我的心沒有對上。

於是，我下樓去銀行領了一萬多元現金，先將一半付給律師，再上網查另一間律師事務所，接著帶剩下的錢，馬上搭車去第二間事務所，將事情全部再重述一次。

這一回，我有所發現：法律只有一套，但每個律師的風格都不同。

● **找律師要看緣分，每位律師都有自己的強項與風格，都可以為我們保障應得的權利。但，畢竟這是一段短則好幾個月、長則要好幾年的合作關係，建議多試幾位，找一位與自己的調性契合的離婚律師。**

最好跑個四、五家律師事務所，再做最後的決定。

也就是說，大概要準備三萬元左右在律師諮詢費上，四處蒐集資訊，也為自己挑一個好律師。

未來如果進入正式訴訟程序，花的錢可能會比想像的多更多，更不用說若最後談的條件太差，造成的損失可能更大。

以我來說，我記得自己至少見過六名律師，最後和其中一位特別聊得來，就選定是她。

初見這位律師時，我非常想要孩子，所以我問的問題都圍繞著「如何搶孩子」。而她也很有耐心地為我解答所有的可能性。這位律師很有彈性，符合我天馬行空的個性，和她聊起來還挺過癮的。

我想，就是因為律師的鐘點費不低，所以我們才應該更慎選律師。若選到對的，每一分錢都讓自己更愉快；選錯了，過程將變成折磨。

訣竅二、在心理上，做好最壞的打算

我最在意的始終是孩子。但是到了最後，卻是我主動對律師說：「我要放棄孩子了，請你幫我辦好離婚。」

當律師聽我說打算放棄孩子，請她幫我以另一種策略進行離婚談判時，嚇了一跳。在她看來，這一招是不合理的。哪有還沒打仗就先認輸的人呢？

確實，恐怕也沒有律師會教客戶放棄一切。這是我自己的領悟。

回頭看我的「無痛離婚」過程，之所以在法律上沒吃什麼虧，也沒有與前妻真正走進法院爭訟，是因為我先做了最壞的打算。這讓我變得對許多事情不在意。因此，在與前妻談的過程中，我一片海闊天空，最後和平地談到最好的結果。

離婚拖了這麼多年，主要就是因為我無法忍受沒有小孩的日子。一想到孩子，我就淚崩。更擔心孩子會因為父母離婚而留下陰影，讓他們的人生從此變得黑暗。而後來我成功地脫離這樣的恐懼，最關鍵的原因就是一切都反了過來，我從一個怯怯懦懦不敢離婚的人，突然間看開了。

有一句話說：「不在意的人，最大。」這句話用在離婚，實在是太適合了。要對離婚一事真正看開，無論是離或不離、贏或不贏、搶到（孩子）或沒搶到、守住（財產）或守不住，都不在意，最重要的心理關鍵就是，**我已經做足了最壞的打算：到底我最怕的是什麼？我心中最大的恐懼是什麼？並且想像如果它發生了，我該怎麼辦？做好這樣的準備，想辦法讓自己接受它**，然後，開始勇悍地和前妻談離婚。

既然我的最大恐懼是孩子不在身邊，那麼我就針對這一點，在心裡先做好充分準備：從我跟妻子提離婚的第一天起，孩子就有可能立刻被她帶著離家出走。這是律師無法教我的，也是網路上許多文章都沒有提到的方法，在我身上卻很有效。

● 一旦離婚，失去了一切——我會怎麼樣？

為了做這樣的準備，好一陣子，我開始自己到外縣市旅行，一個人在旅館住上一晚，一個人孤獨地東玩西玩。剛好，公司派我到國外出差，我在飯店住了十幾天，一邊模擬以後如果自己一個人住，會是什麼感覺。

自從結婚後，床的另一側一直都有另一個人睡。這才發現，自己已經多久沒有一人躺在一張空空的大床上。後來和其他離婚的朋友聊起才知道，這種空無一人的床，原來是很多人不敢離婚的理由。

不只這樣，很多人當婚姻走到深處，因為太習慣每次逛街時，都有一個人陪在身邊，參加聚會時，都和另一個人共同出現，而漸漸忘了一個人怎麼出門、怎麼看電影、怎麼見朋友、怎麼睡覺……

我發現，當我幾次都自己一個人，慢慢地找回了一個人的美好。

記得在機場等著回台北的班機時，我突然發現寧可自己一個人住，也不想再回到那個吵吵鬧鬧的家。從那時候開始，我便克服了自己最大的恐懼，完全不怕離婚。回到一個人，財務幾乎從零開始，膝下無子女——沒關係，這就是最差的了。那又怎麼樣呢？

我覺得我已經做好了最壞的準備，當它發生時，我應該能撐過去。這時候，我就敢向妻子提離婚了。

訣竅三、找好一個避風港，再開始吵

很多人不敢離婚是因為自己沒有收入來源，如果對方不再照顧自己，那自己一人要怎麼活呢？

我則是另一種狀況。我是家中的經濟支柱，不過，在離婚的過程中，無法確知自己的財產會被分掉多少，更不曉得會不會因為後續的一些問題，而讓我被逼「割地賠償」。況且，離婚以後，通常會經過一段陣痛期，那段時間，工作上可能也無法非常專心，或者可能為了照顧小孩而無法再工作（後來此事真的發生了，我辭掉所有外務，全心在家照顧孩子）。

因此，想要無痛地離婚，要預找一個「避風港」。

有一位男性朋友原本在外商公司工作，需要在全世界各地飛來飛去。開始離婚訴訟後，朋友幾乎崩潰，再也沒有心情幫公司四處參展、開疆闢土。

還好在那時候，一位遠親的公司有缺人，雖然不是他擅長的工作，但是不必四處跑，上班時間相對好掌握。朋友也因此可以待在家的附近，方便有狀況時支援。並且，遠親知道他正在打離婚官司，遭受身心折磨，對於因必須上法院、見律師而請的事假，公司可以理解。

另一位女性朋友就沒有這麼幸運了。孩子出生後，她就辭去了工作，離開職場五年多。和先生吵離婚期間，她搬離家，沒地方住，一下子也失去經濟來源。後來，許多條件她都必須讓步，因為她實在沒辦法再撐下去。

- 先找好一個避風港，再來談離婚。所謂的「避風港」，到底是什麼呢？

對許多人來說，原生家庭是避風港。但是，家人真的可以幫助我們更灑脫地做出離婚或不離婚的決定，無論我們做什麼決定，都一語不發地給我們最溫暖的支持嗎？

避風港不只是一個住處，不只是收入來源。更重要的是，要有一個人或多個人，支持我們，傾聽我們。或許是好朋友，或許是家人、同事、老同學等。可以在你最危急的時候，給你一張床睡；在你真正需要支柱的時候，介紹你一份工作暫時做著。

最重要的是，能夠在你的身邊，聽你說話。

我的律師曾與我聊起，她發現有些人離婚的時候，可以非常果斷，好像比較不痛，有些人卻常常是禍到臨頭，才涕淚縱橫地痛苦不已。她忍不住思考：為什麼某些人可以如此灑脫？

她發現關鍵就在，那些比較不痛的人，往往有一到兩位非常要好的朋友，有的會提供吃、提供住，但最主要的是提供大量的陪聊時間，完全站在當事人的角度支持。這群哥兒們或閨密的感情，好到可以把自己託付給彼此。

我實在是非常幸運，在離婚的過程中，剛好我也正拚命地舉辦一些離婚的相關講座。大家雖然素昧平生，個性、工作與背景皆異，但是都走到了差不多的境地，不是離婚了，就是正在離婚的路上。

我們每幾個星期就見一次面，熟一點的並相約兩三天聚一次。經常透過通訊ＡＰＰ聊天，還會相約關懷其他正在苦痛中的離婚者。

後來，我們成了互相信賴的好朋友。這就是我在離婚過程中，意外得到的超級避風港。

訣竅四、建立與對方的溝通管道，有時當面講，有時線上講

與前妻在談離婚的過程中，一開始，我實在不知道該以什麼方式和她討論事情。如果在線上講，我怕只要自己講錯一句話，會被她截圖，拿到法庭上，當作某種證據，對我爭訟不利。但又怕假如面對面講，雙方都克制不了情緒，沒辦法合理地慢慢談。

那時候，前妻總是說：「叫你的律師去和我的律師談啊。」原本可以馬上討論的事情，卻變得必須透過雙方的律師繞一圈才能回來。該怎麼辦？

●

我發現，**建立溝通的管道很重要。**

．有些話適合當面講，比方說，探尋對方對於一些事情的看法。像是離婚後，過年的時候，希望孩子怎麼過？真的要進法院嗎？對我開出來的條件，是否能接

受？……**這些都很適合當場提問，當面觀察對方的反應。**

- **比較開放式的問題，為了避免不理性地一言不合便吵起來，就透過通訊軟體慢慢地談吧。**比方說和對方分析道理，像是孩子要住哪裡比較好，什麼時候接送比較好。為了讓談判的氣氛緩和，利用通訊軟體，有助於掌握溫柔的語氣，不慍不火地慢慢談。

我的方法顯然不錯，與前妻在關於離婚的談判過程中，雙方的成熟程度，皆遠遠好過談離婚之前的那些吵吵鬧鬧。在談判的時候，我們反而比較少吵架，可能是因為線上與線下的討論時間分配得不錯之故吧。

當我們進入最終、也最重要的談判期時，我刻意安排在我去國外出差的時候進行。

那時候，我代表公司到國外見客戶，每天下了班，就透過Skype與台灣的律師通話，這樣子敲定了離婚協議書最終版。也就在那時，前妻讓步，將兩個孩子都讓給我照顧。

回到台灣後，我們立刻著手進行簽字，孩子也進入了「單親爸爸時代」。

訣竅五、設定時間表，「在心裡」重新建立一段全新的關係藍圖

離婚真的是很令人痛苦的事。其實有一個無痛離婚的辦法可以參考：在「幻想」中，另外複製一個新的家，裡面有新的伴侶、新的孩子、新的家居生活。

這是好幾個朋友親身實證，雖然只是用「想」的，卻實際又有效。當你陷入無邊無際的猶豫、掙扎的痛苦中，以為自己再也看不到出路，腦海裡那個溫暖的家就像止痛藥，讓你繼續抱著希望，在心裡對自己說：「趕快離婚，就可以趕快再成立新家，把我所缺的全都補回來。」

先讓自己少一點痛苦，才可以進行該做的事。抱著另起爐灶的決心，就像進行一個專案一樣，會激起人使命必達的決心。

至於成功地無痛離婚以後，是否真的要按計畫進行，到時候再說吧。很有可能，離婚以後，嘗到自由的滋味，發現一點也沒有以為的糟糕，反而覺得實在美好，而不想再嫁娶或生子。

- 有例子顯示，有的人確實是如此實行，處理離婚之痛。

我辦活動時，曾找來一些當年因為種種緣故而看不到爸爸或媽媽的孩子，如今都已成年。從這些孩子所說的，我們發現當年無緣照顧他們的父母，無論是自己主動走或是被趕走的，後來有好幾位建立了比從前更穩定的親密關係。

當多年未見面的孩子終於又看到爸爸／媽媽與新伴侶，雖然仍抱怨爸媽怎麼捨棄了自己，但皆能表示理解。孩子往往也因為親眼看到爸媽有了下一段美好的新關係（雖然沒有自己），而見證了父母其實並沒有像自己從小聽說的那麼壞，仍能重新建立和樂的新家庭，並且被愛、被尊敬。

想想，創立蘋果電腦的已故科技巨擘賈伯斯的家庭，不也是這樣子。他與前妻生的女兒後來出書，書中不帶惡語，反而敘述當自己來到父親後來的家庭裡，看到一家和樂，也看見了自己原生家庭的問題。

訣竅六、離婚後，一百八十度轉身，頭也不回地往上衝

和同樣離了婚的朋友們聊天時，大家有個共同的感想是：最慘的日子都發生在離婚前以及離婚當中。等到真的下定決心提離婚或是真正辦好手續後，即便可能仍有未完成的官司，甚至經歷更多的謾罵，但是基本上身心都是輕鬆的了。

然而，我在完成離婚後，還是經歷了一些小狀況。

剛離婚的第二個月，有一次，孩子為了我對他們使用手機的時間規定，和我起了衝突。現在回想起來，只不過是我規定的使用時間，他們不依，而我做得又不夠有技巧，非要他們聽從。

我認真地宣布規定，對孩子說：「週間只能玩半小時。若多玩了，隔天就會被罰，不能再玩……」他們聽了，竟然氣呼呼地跑去媽媽家。

我怕有意外，所以跟著他們來到媽媽家。孩子氣鼓鼓，但我的心裡很平靜。

沒想到，孩子的媽一下樓見到他們，立刻對我激烈指責。我不跟她正面衝突，但

是她非常憤怒，引起鄰居圍觀，連警察也被叫來。在長達幾個小時的僵持中，我守住自己的底線，最後也順利地將孩子帶回家。

我很慶幸自己當時撐住了，以和化解。

不過，這件事也讓我驚覺，原來在離婚之後，我放下了，對方卻不見得。如果心存怨念，並不會因為一紙離婚協議書簽了之後就消失。我所認識的離婚者，不少人在財產、監護權都決定，並且辦妥離婚手續後，雙方又發生更嚴重的衝突，導致探視時間大亂或有一方再也看不到孩子，甚至引發告訴糾紛。

我意識到，**離婚後，我應該經營的是自己與孩子的新關係，要比以前更好；但如果沒有更好，也不要再去計較孩子比較愛爸爸，還是愛媽媽。並且，不要再去探討無緣的前妻是怎麼想的。**我以耐心還有愛，灌溉自己和孩子。

這個方法在我身上非常有效，讓我漸漸恢復元氣，帶著剛經歷父母離婚的兩個孩子搬進新家，而他們的笑聲也愈來愈多了。

離婚一年後，台北市政府辦了一場爸爸節特別活動，注意到我這個離婚不久的爸爸，於是請攝影師來為我和孩子拍照。我想，可能他們是覺得帶著兩個小孩的單親爸爸，這種三人行組合頗為特別。

在那場爸爸節活動的心情分享演講中，有聽眾訝異地問我，「請問你如何這麼快走過離婚的低潮期？聽說有些人離婚十幾年了，還陷在陰影中。」

我的答案是：無論他人怎麼看待我那一段婚姻關係的結束，我並不在意。我只在意現在的我，繼續在好轉中。當我不計較，別人也無從計較。當我不對前妻有負面的批評，別人就更可能以正面的話語來呼應與鼓勵。

現在的我，過得好快樂，與孩子的關係也非常美好。這樣的心情，我迫不及待地想要與各位分享。

【真實案例3：志強的故事】

他讓離婚後的自己，過得比以前更好

愛人變敵人，長達三年的時間，志強被前妻告得滿身是官司，連一面也見不到孩子。但他不因此灰心。他繼續進修技能、鍛鍊身體，並認識了一個「好朋友」。

如今的志強已走出離婚低谷，成功接回了孩子。

無法協調的觀念歧異

志強和前妻是高中同學。高中時期的她個性冷僻，和同學們沒有太多互動。而志強比較熱情，在所有同學中，是唯一對她比較好的。

兩人在畢業後就沒聯絡。那年，志強主辦同學會，力邀她參加。成為職業軍人的志強變得比高中時更有自信，給了女孩很大的安全感，兩人很快便墜入愛河。

有了愛情的滋潤，志強更努力地往上爬，官階愈來愈高，前途大好，但女孩愈來愈無法接受志強的工作時間。快要三十歲時，志強幾經考慮，決定放棄軍職，重新找工作。

交往兩年後，他們結婚了；一年後，女兒出生。接著，關係起了變化……

志強至今仍常常在想，當初到底是誰看走了眼。

●

小孩出生後，夫妻觀念的分歧愈來愈明顯，並且不斷擴大。兩人都想用自己的方式教育孩子，但彼此之間顯然存有很大的差異。

志強覺得妻子太凶，常常勸她不要過於嚴厲。相反地，妻子卻認為他太溫吞，做個爸爸一點也沒魄力。

比方說在女兒還小時，如果不想吃飯，媽媽會強迫她吃，她鬧著脾氣，撥開媽媽的手，媽媽就會用力捏女兒。那種捏法甚為可怖，除了捏，還會擰孩子的肉，在她的手臂或大腿上，留下一點一點的紅色瘀痕。

志強從沒看過有人竟會對一個小孩做這樣的體罰。他阻止妻子。「怎麼可以捏孩子呢？你這個媽媽太過分了！」

每當聽到他這樣說，太太只會更生氣，狂風暴雨更加一級。

他知道妻子在自己家裡比較強勢，從小要什麼，沒人敢不讓她。但他沒料到竟然這麼禁不起講，一旦跟她唱反調，她便反應極度激烈。

一天，妻子提出離婚。她說她懷念起婚前，可以和姊妹自由自在地出去玩的日子。但志強不同意，「有了小孩，怎麼能想離就離！」

他從小渴望家庭，深信一切都可以熬過去，離婚絕不是好辦法。卻不曉得就從那時起，離婚的念頭，已在妻子的心裡根深柢固。

「我會不會再也看不到女兒？」

某天一早，兩人又因為教養問題吵架，愈吵愈激烈，妻子高喊著她想自己養孩子。她情緒失控地不斷尖聲吼叫，超過夫妻倆平常爭吵的程度，於是志強打電話報警。雖然經過員警的協調，情況重回平靜，志強卻不知道，其實妻子早已擬好一項逃家計畫，而這場爭吵，正是其中的一步。

妻子看似沒事了，建議他帶小孩出去走走，玩一下。

孩子在公園玩瘋了。如果是他們兩人一起帶小孩到公園，往往是志強跟女兒玩得不亦樂乎，妻子總是遠遠地站著，不大與孩子互動。

父女倆前腳剛離開，妻子隨即也出門——她是去醫院驗傷。

當天，他們夫妻起衝突時，大吵歸大吵，兩人並沒有肢體接觸。但平時他的妻子便有計畫地經常捏自己，全身滿是捏痕。

丈夫帶孩子回到家時，她早已回家。志強不疑有他，出門去工作。沒想到回家後，發現老婆和女兒都不見了！

原來妻子拿著驗傷單，帶孩子去安置中心求助，聲稱母女倆都被志強家暴。就這樣，她們住在安置中心長達兩個月，志強連一面也看不到女兒。

每當想到那一天，女兒玩得好開心的笑臉，還有父女倆慢慢散步回家的親密，他便潸然淚下。

●

志強完全沒有心理準備。雖然妻子提過離婚，但他從沒想到會真的發生，而且女兒和老婆馬上就人間蒸發。離婚後，得到監護權的前妻百般阻撓他看小孩。他心痛欲裂，人生從來沒有遇過這樣的痛苦。

「為什麼有一方把孩子帶走了，而另一方永遠只能等待？為什麼小孩連表示意見的機會都沒有？」

志強的心頭湧上可怕的想像：會不會，他這輩子再也看不到女兒了？女兒知道爸爸每兩個禮拜就來找她嗎？

為了讓前夫見不到小孩，前妻羅織了許多項罪名告他，比如刑事傷害罪，迫使他必須定期到地檢署觀護人處簽名。

但是，任何審理中的欲加之罪，於法皆不能剝奪他對自己孩子的探視權。志強向法院聲請會面交往，每個月應該要能探訪兩次。

兩人約在麥當勞見面，然而，他每次都被放鴿子。前妻從來沒有遵守過約定，並且拒接他的電話。即使有相關單位介入，調解超過三次，她仍然把孩子藏起來。

由於被前妻告了太多項罪名，志強花了數十萬律師費。再這樣下去，財務狀況會被前妻拖垮，志強只好學會自己寫狀子。

放開心，遇上一個心靈伴侶

另一方面，他決心要振作。**見不到女兒很傷痛，但他不能再讓自己被困在離婚的傷痛之中。**

之前面對離婚時，他沒有任何心理準備。而離婚後，既然事已至此，他只能想辦法為自己的人生做補救，停止離婚的痛。關於女兒，他在心裡做了最壞的打算，不知何年何月，父女才能再相見，他所能做的就是讓自己過得好，就算等到見面那天，自己已老了，也要讓女兒看到最帥氣的爸爸。

他化悲憤為力量，在人生的其他方面更努力：比從前更勤加鍛鍊身體；每週排出兩天上補習班，進修設計課程。

健身提升了體態，而增進技能帶來更穩固的收入。這讓志強從剛離婚時的灰心喪志，徹底脫胎換骨，因為他有了自信。

雖然離婚的過程讓自己變得很糟糕，但他要讓離婚後的自己，比以前更好。

同時，他開始找尋感情的新依歸。

在交友軟體上，他老實地填上個人資料，將自己離婚、有一個女兒以及對女兒的思念，統統放到網路上。由於曾有一段不堪的婚姻，他對交往對象的選擇非常謹慎。經過積極地努力，他順利遇上了生命裡一朵最美麗的花。

這位親密夥伴給了志強很多心理上的扶持。當他因想念女兒而悲傷，女友便鼓勵他，「你現在心裡要撐住」、「一定會等到的」。

女兒回來了

此時，前妻的精神狀態似乎出了問題。

有一次，志強因為太想女兒，來到前妻家附近，見鄰居們在樓下聊天，便向他們打聽女兒的近況。卻聽鄰居說常常聽見小朋友哭得好淒慘，身上還有瘀青。左鄰右舍都認為他前妻有狀況，打電話給家暴專線通報了好幾次。

有個鄰居說他當面勸過她，她卻不悅地回說：「我是在教我家的小孩！」

後來，回到法庭，法官問她為什麼不讓孩子的爸爸看小孩。這一次，前妻竟主動透露是因為長期服藥的她，看到志強會害怕。

問題是根據紀錄，她已和志強切斷所有聯絡，訊息、電話皆無法通，加上過往的兒虐通報紀錄，法官無法再相信眼前這位母親，於是做出了一個大逆轉的判決：將孩子的主要照顧者改判為志強。

在離婚案件中，要改定監護權是非常困難的，沒想到因為前妻太明顯地有問題，讓法院有機會幫志強救回女兒。

●

然而，即便法院已判，前妻仍強悍，堅決不交出孩子。

兩人僵持了好幾天之後，久未聯絡的前岳父突然打電話給志強，說要將外孫女交給他，因為他實在再也看不下去女兒的無理行為。志強儘管感激，仍半信半疑，請家人陪同去公園接孩子。

約定的那個晚上，前妻的爸爸騙女兒說要帶外孫女去公園散步，就在公園，將孩子交給了志強。

一年八個月沒看到孩子了，怎麼長得這麼快？他覺得好像在作夢。

前岳父叫志強趕快離開，女兒這時突然哭了，但是一緊貼著爸爸，她立刻平靜下來，安心地靠著爸爸。這應該是一種熟悉的氣味吧。

回到曾經住過的家裡，女兒很熟悉地對著以前的玩具說：「這是我的……這是我的……」給她看最愛的巧虎，她卻不看，一直轉過頭，盯著爸爸。

隔天，最重要的大事就是帶女兒去做檢查，發現女兒的語言發展落後同齡孩子整整一年。

剛回家時，女兒話講得好少，但是經過專業治療與爸爸的陪伴，漸漸地回到發展的正軌。

志強每天都會帶女兒出門走走，看展覽、去親子餐廳等。雖然沒時間上健身房了，但是平常女兒在公園玩溜滑梯時，他就在旁邊吊單槓鍛鍊，練的一身肌肉派上用場，可以單手將女兒舉得高高的，另一手還能提爸爸包和購物袋。

當下的最好答案

而前妻呢？

當天晚上，她沒見到女兒回家，激動地質問父親，一聽爸爸坦承已將孩子交給志強，她崩潰了。

隔天一早，她跑到志強家。原以為前妻又要來鬧事，出乎意料地，她竟然帶著懇求的語氣對志強說：「我們是朋友，不要這樣……」

被拒之門外後，她猛發訊息，比如：「你失去的那兩年時光，我會好好彌補你。」「不是只想要小孩而已，也想要你，不能沒有你。」

志強雖然因顧念舊情，心軟地讓前妻常常到他家裡看女兒，還貼心地為她準備飯菜，但為了預防女兒被帶走的往事重演，不允許她帶女兒出門。

兩人偶爾聊起那些往事，頗有雲淡風輕之感。

過了一陣子，前妻主動將她對志強的法律告訴一次全都撤掉。

「這樣，可以原諒我了嗎？」她問志強。

●

如今，志強處於一種先前自己從未想過的狀況。

他與女朋友仍維持著聯繫，彼此互有好感，但他確認女朋友就只是女友，不會成為妻子。

而前妻不斷地回頭，盼兩人回到原來的樣子，但他也認定她只能當普通朋友、是孩子共同的友善父母。

這狀況很怪嗎？然而，志強已經了解，有個養育女兒的重責大任在身上，保持單身，但也不拒斥婚姻，就現階段來看，對女兒、對自己，都是最好的答案。

4

婚姻的挫折，更讓我們看見自己的優點

婚姻的挫折，更讓我們看見自己的優點

曾讀過一篇文章，是擔任離婚律師有十年經歷的美籍律師大衛・弗蘭克（David Frenkel）所寫：「離婚是利用法律來讓不好的婚姻，被物競天擇地自然淘汰。」（Divorce can be viewed as the legal manifestation of natural selection for marriages.）

文章中提到，雖然離婚讓人們無法再像以前一樣過母親節或父親節，無法像以前一樣慶祝孩子生日，而是被一個陌生名詞「單親家庭」取代，但同時也表示人們已將婚姻中，對孩子有害的毒氣成功移除。由於那樁婚姻不合格，所以被淘汰了。

我想，他是從律師的角度來寫的。從離婚律師的視角來看，離婚是藉由其中一方的全部或部分退出，而淘汰了伴侶，律師的職責就是負責砍下淘汰的那一刀。

但我卻覺得，我們是「被選中」的人。這個覺悟，花了我好久時間才想通。

到了婚姻最深處、最痛苦的那段時期，我恨我自己怎麼會走到那種境地。本來像是飛在空中的老鷹，卻被悲慘的婚姻纏住，拉到地面的沼澤裡，陷在其中，被迫與那些非常微小的事情纏鬥。而那些微小的事情原本像不起眼的紅螞蟻，我以為只是癢幾下就過去了，沒想到過了幾年，它們竟侵蝕了我的根柢，徹底顛覆了我的人生。

原本以為築了一座聳天的鷹巢，把妻小顧好，自認為該給的都給了。準備展翅高飛的此際，才發現鷹巢的底部已經腐蝕，才剛起飛，我就被迫折返。

想要救這個巢，卻愈陷愈深，身上都是泥濘。愈談離婚，泥濘沾得愈多。

最後有一天，突然想起：咦？我好像好久沒飛翔了。才赫然發現自己好像也忘了如何飛翔。心情受影響，工作也受到影響。

你可能會認為才不是什麼被選中，這是太倒楣。在這一章，除了我自己的感想，我也與身邊一些離婚的朋友們聊過，大家一起列出了幾個我們的共通點。無論是否離婚，了解自己有這些優點，有助於讓自己的心理肌肉變得更強壯。要有自信，我們都是很優秀的，才有機會比其他人多經歷一段這樣的抉擇與考驗。

優點一、在愛裡，仍懷著一份難得的天真

小蔓因為很喜歡小孩，所以成為一名幼教老師，與孩子們相處是她最開心的事。她也祈禱可以遇到好對象，然後，有個自己的小孩。

在某次的同學會中，她遇見一個從前不太熟識的男同學。小蔓記得他好像有某種先天疾病，身體有部分癱瘓，以前藥不離手。兩人聊了起來，原來他是教國小低年級的老師，也很愛孩子，談到學生就眉飛色舞。

兩人墜入愛河，總有說不完的話題。交往穩定後，她卻進一步得知男友因為先天疾病，沒辦法生育，那是他終生無法治癒的缺憾。兩人交往愈深，他愈不想瞞著小蔓，因為他知道小蔓很希望有一天能當媽媽，但是他無法讓她圓這個夢想。

聽了男友的自白，她腦中一片空白。

她躲入洗手間裡，對著鏡子怔怔地看著，就這樣發呆了十分鐘。

最後，心裡湧現一股衝動，她做了一個連自己也很驚訝的決定，「嫁給他吧。」

因為，她愛他！

當時她告訴自己，雖然男友無法生育，但是能與心愛的人在一起一輩子，沒有小孩也沒關係。她卻忽略了自己原本多麼想要孩子。爸媽知道了這件事，雖然失望抱不到外孫，但因為愛女兒，也支持女兒的決定。

這場婚姻是因為愛情，同時也出於小蔓的母愛本能，心疼男友，想要照顧他。然而，**一樁婚姻從來不是誰拯救誰。結婚是兩人平衡，且兩情相悅。**這樣的起頭，讓他們的關係注定不平衡，也不滿足。

結婚幾年後，小蔓發現自己再也沒辦法忍受丈夫的心理狀態。由於長期患慢性病，他的脾氣其實很不好，婚後的日常摩擦常常令小蔓感到委屈。而這些衝突累積下來，慢慢地融蝕掉兩人之間的感情。

夜深人靜時，小蔓更是難忍哀怨。因為這場婚姻，她犧牲了自己的夢想。原以為能與丈夫長久地相愛、相守，卻日漸空虛……

如今，離婚後的他們，平和地退回到普通朋友的關係，偶爾會關心彼此的近況。小蔓並不後悔結那場婚，她和前夫也曾有過很美好的時光。

●

有時候，我們因為對一個人愛過頭了，而忘了愛自己。就像小蔓，如果她再多深入去看見自己的內心，可能就會察覺到她多麼渴望有自己的孩子，而不致因一時的愛情衝動，與無法實現自己夢想的男友結婚。

有一次，我和幾個離了婚的朋友聚會。大家聊起自己的感情歷程，七嘴八舌地，漸漸浮現出幾個共同點：與同年齡的人相比，我們結婚得較早（比如我二十八歲時結婚，是同學中的第一個）；交往時間也較短（我和女友只交往了三個月就定下婚期，一年後結婚）；我們在經濟尚未非常穩固、夢想尚未實現之際，就生了孩子

（我原想再多旅遊，但孩子在結婚一年後便出生）。

我們到底在急什麼啊？

接著，我們歸納出自己之所以「這麼急」的原因：因為我們滿有愛的。比如我們喜歡小孩、喜歡戀愛的感覺、喜歡……呃……結婚。

現在看起來很好笑。但，這就是我們在年輕時的想法。

童話故事不都是這樣教的嗎？婚姻就是愛情的最後昇華。因為我們心中太有愛，所以很容易美化前方的挑戰，趕快交往、趕快結婚、趕快生小孩……趕快住進城堡裡，過著幸福快樂的日子。

結婚，或者說是談一場轟轟烈烈的深刻戀愛，和一個人從一而終、白頭偕老——我們曾經如此深信，好希望這樣美好的事能發生在自己身上。

當年因為有愛，我願意勇敢。認為出於愛情，就可以將婚姻經營得很好。也不知打哪裡來的自信，深深相信兩個人有愛，就能長長久久到老。

如今我們知道了，這是太天真、太幼稚的想法。

但也可以這麼看：我們愛得特別痴傻。這樣的人，多麼值得好好珍惜呀。

既然忘不掉受過的那些苦，
就選擇接納，並且善加運用，
轉換成讓自己重新站起來的力量。

優點二、帶著可貴的信任，投入愛

芳雯離婚了，哭得半死。她問我們，「最難以接受的是什麼，你們知道嗎？」

她說，並不是老公有了小三而和她提離婚。最令她傷心的是，老公對她的那種非常「狠」的態度。

我們好奇地問她到底是什麼樣的態度。有多猙獰？

芳雯說：「不，那是一種冷漠。」

冷漠？

現場的女人們七嘴八舌起來，有人說：「唉，冷漠是當然的啊。他對你已經沒有愛情，當然就是冷漠了。」

但芳雯說：「我不是這個意思。他的那種冷漠，讓我打從心底發冷，懷疑起自己人生的所有事。」

她和丈夫愛情長跑了十年後才結婚。婚後一晃眼，十幾年過去了。

雖然丈夫有時固執了些，但每次只要芳雯撒嬌地哭一哭，他一定會心軟。每次兩人吵架，都是芳雯哭、老公求饒而收尾。她甚至還笑著計算過，這一招，每個月都能用一次。只要每個月哭一次，就能提醒老公常常想到要讓著她。淚水是她維持丈夫的愛的方法。

但一天半夜，一通訊息提示聲，讓芳雯知道了小三的存在。當晚，丈夫不但直接坦承他有個女朋友，並馬上提出要離婚。那天晚上，她大概哭掉了好幾個月分的淚水。

她慘哭，因為丈夫對離婚這件事，居然非常冷漠。他恍若沒有看到妻子的淚水。她一次又一次抽抽噎噎地哭著，丈夫卻只是冷冷地重複著一樣的話，一次又一次地問：「你到底要不要簽字？」

後來芳雯更發現，丈夫和小三早從兩、三年以前就在一起了。也就是說，她一直以為自己用淚水找回了丈夫的心，但其實他的那些擁抱、感動，都是假的！

早在不知道什麼時候，丈夫的心就不在這個家了。

「他真的愛過我嗎？」

因為太信任丈夫，以至於她後知後覺，沒有察覺到不知道什麼時候，他已經悄悄地變了。

二〇一九年，美國學者葛蕾絲・法蘭柯（Gladys Frankel）針對一千七百名女性受訪者做過研究，結果顯示，有高達百分之七十八的女性在簽字離婚前，即已經在做與新對象約會的準備。

當然，這只是在美國的研究。但這也讓我們一瞥，原來有這麼多人在離婚前，便已偷偷摸摸的了，而此時，另一半就像芳雯被蒙在鼓裡，什麼都不知道。有的人突然震驚地「被離婚」，因為未察覺原來伴侶早有婚外情，而從一開始只是偷吃，慢慢地養大，成了足以吃掉婚姻的怪獸。

律師從第三方的角度，觀察得更清楚。

我曾聽一名律師說，她觀察到在離婚案件中，已有小三或小王的那一方，往往會先找律師做足了功課。趁著相對人仍被蒙在鼓裡，完全不知情時，已有小三或小王的這方卻早早就準備好，一切就緒，才突然間提出離婚，殺個對方措手不及。

因為信任對方，以為無論發生再怎麼嚴重的衝突，夫妻一場，還有情分存在吧？殊不知對方早就默默在鋪路，不可能回頭了。

這位律師還說，她看到有很多被離婚的當事人，原以為離婚的理由真如對方所說是因為個性不合。但是要知道，沒有人會輕易把檯面下的小三或小王曝光出來。當事人原本一直都不知道有小三或小王的存在，只剩一個月就要上離婚談判桌了，沒想到對方在桌下藏了一手，早早便開始布局。

有一位律師更透露，有的人甚至早已在外面將房子都準備好，提離婚之後的第一天，就可以馬上搬出去住。

這就是為什麼很多夫妻離婚，是從一次刻意地嚴重吵架，之後自然地離家出走開始。而那個被蒙在鼓裡的人，直到伴侶離家出走的那天，都還不曉得那是自己最後一次見到對方，甚至是最後一次見到孩子。

他有好幾位當事人以為太太只是回娘家，萬萬沒想到，她在外面已經準備好一間房子，連家具都布置好了。

不過，這種信任，也證明了你是一個真正的好人。即便已到了婚姻最凶險的末期，依然信守著和當年那個愛人的約定，真的盡了責任。

能夠信任他人，是一個難能可貴的優點。是對方配不上我們的信任。

優點三、重承諾，負責任

年輕時，阿欣是個徹頭徹尾的不婚族。喜歡跑夜店的他，早就想過自己千萬不要和父母一樣，結婚之後吵吵鬧鬧的。

然而，他也搞不清楚為什麼後來不但結了婚，還有了兩個孩子，夜店不去了，酒也戒了。

婚後，阿欣對人家所說的幸福、美滿沒什麼感覺，反而覺得自己變得不像自己。可是少了什麼，他也不大清楚。

回想起來，一切是從那次和她一起爬山時開始的。

兩人剛交往不久，那個星期天，相約去爬山。上山時，女孩嬌聲說爬不動了，要阿欣牽著她，拉她一把；下山時，她順勢靠在阿欣的身上，他心裡小鹿亂撞。

回程時，經過婚紗大街。經過其中一家婚紗店時，銷售人員稱讚兩人非常登對，女孩燦笑。銷售人員緊接著順水推舟，邀請他們進店裡看看婚紗，對他們說：「以後有機會，可以參考一下。」

「婚紗？」阿欣心裡有個直覺，這絕對不是他要的。沒有想到女孩沒拒絕，拉著阿欣走了進去，並且看上其中一件禮服。

「你看，這裙襬真美。我好想穿上這一件……」她對阿欣說：「多希望有一天能穿這樣的衣服，在海灘上拍照。」

女孩那模樣實在太可愛了，阿欣摸摸她嘟起來的小嘴，笑著點點頭。

點頭又不花錢，也不表示答應。但是從此以後，「海灘婚禮」就莫名地成了他們之間的重要話題。每當女友提起，他都想反正只是聊聊而已，等以後真要結婚時再說，現在不必掛心。他從來就沒有對女友承諾過任何約定。

一天，他參加女友家的聚會，她又提起這個話題，她爸爸則順勢說若有這天，他們要選峇里島，他有個朋友在那裡開民宿，可以算便宜一點。

只是聊聊而已呀。阿欣隨口應聲「好」，但沒放在心上。

沒想到幾天後，女友很開心地對他說：「我爸已經跟那個峇里島的民宿老闆打過招呼了，他隨時都歡迎我們去。老闆還說他認識當地最好的婚禮攝影師，可以幫我們介紹。」

緊接著，女友積極地與攝影師聯繫上。攝影師告訴他們，「我的行程排得很滿，但是十月份剛好有一場大活動取消了，應該有空。如果你們ＯＫ，可以隨時跟我說，先定下日期。」

從頭到尾，阿欣都沒有答應任何事，也沒有設定任何日期。沒有想到，單單是這件事讓愈來愈多人知道，東應一句、西應一句……結果就變成這樣子了。就在走進婚紗店的短短半年後，十月份時，兩人在峇里島辦了婚禮。

這場婚姻，在四年後成了一個笑話。離婚後，前妻帶走兩個小孩，回到娘家。他們家從峇里島帶回的紀念品，有的還沒拆封呢，這段感情就已告終。

大家都說是阿欣的錯。但阿欣說，他從來都沒有想要結婚，這一切都是莫名其妙啊。

●

明明沒人在逼，朋友眼中永遠漂泊的單身漢阿欣，為何莫名其妙地進入了婚姻？仔細想想，他覺得可能的原因是，兩人在一起穩定了，對方有些期待，家人也有些期待。也許沒有明講，或者就算明講了也不會強迫你就範，但，你都知道。

他吐露心聲，「然後，你開始給出一些保證：有一天，要住在一起；有一天，要像那一家大小幾口一樣；有一天，你們要……沒想到『那一天』來得那麼快，你措手不及，只好負起責任，結了婚、生了孩子……這對你來說，一直都是不得不的一條路。但因為你認為自己當初既然已經口頭答應了，就必須依約實現。」

這世上有一大堆負心男、負心女，承諾了一大堆真真假假的，開了好多空頭支票，卻也滿不在乎。然而，對一個負責任的、信守承諾的人來說，親密關係就好像一座高架橋，一旦走上去，不是輕易下得來的。你是不可能主動和對方提分手的。

殊不知，這座高架橋竟是一條愈來愈窄的單行道。後面一有壓力，你就只能往前走，於是結婚了、生子了、買房了……愈走愈深。

偏偏兩個人就像是兩種不同的溶劑，倒在這條單行道上面，如果沒辦法互相融合，就會各占一條。而當單行道愈來愈窄，兩個人撞在一起，頭破血流，又沒辦法協調好，那個管道又變得更狹窄。

到最後，一條好好的人生大道，卻成了單行道最深處的窄巷，夫妻雙方彼此牽制，視野變得像豆子一樣小。末了，也只有一個方法走出來——離婚。

而**離婚後的你，應該要學習的就是對自己負責。**

優點四、善良而慷慨

有一位在外商工作的男性友人，結婚時，他一時衝動，將房子過戶在妻子的名下（妻子並未要求，是他自己主動要那樣做的）。那棟房子是一位很疼他的家族長輩所送的新婚禮物，他自己其實沒有多少財產。

不只將房子給了妻子，他還將薪水交給妻子管理。公司每個月發薪時，直接匯到一個由妻子管控的銀行戶頭，存摺和印鑑都交由她掌管。

不料，後來婚姻出現裂痕。妻子不肯讓步，但也不願離婚。每一次當兩人吵架了，她就剋扣先生的零用錢。

某次，朋友向我們這些朋友調頭寸借錢，因為妻子已經三個月沒有給他錢了。他向我們借錢是要支付律師諮詢費，他想要打官司，將他過戶給太太的那棟房子要回來。

律師表示這很有難度，只有離婚，他才有機會拿回一半。在律師的協助下，朋友開始和太太談離婚。

可是談得愈深，兩人的關係愈破裂。朋友罵太太根本是強盜，光天化日之下搶走了他的房子。妻子說話更毒，「沒人拿槍逼你給我啊！是你自願被搶的，活該。」

「是的，沒錯，」我們聽了他轉述妻子講的話，說：「的確是你自願的。婚姻就是這樣，一個願打，一個願挨啊。」

類似的故事有很多。有一個女性朋友，前陣子離婚了。當年結婚的時候，她的薪水比丈夫多。在丈夫的要求下，她很阿莎力地二話不說就照做：住在婆家附近，孩子給公婆照顧，從幼兒園到小學都是上私立學校，由她支付大部分的學費和生活費。明明自己負擔得非常辛苦，她仍一肩扛了下來。

結果，當婚姻走到幽暗深處，她開始覺得自己很委屈，那種委屈感，也更加深了彼此的衝突。

●

無論現在你被伴侶說成怎樣的大壞蛋，你都要記著自己有很好的地方。比如在這段關係中，你曾經做過的慷慨、大方的決定與付出，與伴侶分享了許多美好。

不管對方怎麼罵你，你都是一個善良的人。**你的善良，不需要任何綠葉的陪襯。你自己就是一朵獨立的花。**請不要再委屈自己來成就他人。請對自己多慷慨、大方一些，告訴自己，**「從現在開始，我要多為自己而活。」**

優點五、有一顆意志堅定的心，為自己的信念守住底線

小花和丈夫是雙薪家庭。婚前，約會的食宿費用，都是雙方平攤。婚後，兩人有個默契，誰口袋有錢，就支付帳單。

身為基層約聘工程師的丈夫在合約到期後，未獲續聘，他說想乾脆休息一段時間，在家裡一邊接案子，一邊準備證照考試。他告訴小花，「雖然接案的收入不多，可是等我考上證照後，找工作的時候，談薪水和職務更有利。」確實，這滿有道理的。

過了大半年之後，丈夫沒通過證照考試，好像也沒接過幾個案子。他說，為了繼續考證照，暫時還是不去找工作，接著並提議，「我們結婚了，是不是應該一起扶

持這個家？」

「是啊。」小花說。

「那麼我想，我們來做個調整，請你將每個月的薪水撥出一部分，當作家用。」

丈夫才講完，想想又說：「這樣子好了，從這個月開始，我們每個月各自撥出百分之三十的薪水，存入公費的戶頭裡。」

丈夫邊說，邊拿出一本存摺。「我這個戶頭沒在用，就當作公費帳戶好了。」

「可是……」小花覺得有什麼地方怪怪的。

讓她猶豫的原因是，她是科學園區一家上市公司的人資主管，薪水很高；而丈夫現在是有一搭沒一搭地接案子做。兩人以同樣的比例撥出公費，這樣一來，公費等於大部分是小花在貢獻的。而公費的戶頭是先生的名字，等於是他在管帳。

這個時候提議要這樣做，時間點是不是不大對？

她看過許多朋友夫妻因金錢而反目成仇。在她的想法中，**正因為是夫妻，財務方面更要仔細規劃。**

沒想到，一見小花猶豫，丈夫勃然大怒。

「你嫁過來之後，我們看起來從來不像一個家，而像是各自分開的兩個人。你對這個家一點貢獻也沒有。」他歇斯底里地罵說：「我沒有跟你拿嫁妝，沒有向你要求房子分一半，你每個月領的薪水都自己存起來，那我們還算是有結婚嗎？」

小花愣住了。他們夫妻不是關係很好嗎？在一起的這幾年來，他從來沒有像這樣不分青紅皂白地大罵她。

沒想到一談到錢，他竟然像是變了一個人。

她實在嚥不下這口氣。為什麼她的嫁妝應該拿出來？那是她娘家給她的禮物啊。為什麼她自己存頭期款買的房子，得分他一半？為何自己的薪水高，就要付給公費多一點錢？

最重要的是，什麼叫「嫁過來」、「對這個家一點貢獻也沒有」，好像這個家是他的，而她是剛加入的。這是哪個年代的觀念？

想得再深一點，她甚至開始有種像被搶劫的錯覺。丈夫長年工作不順，失業在家，現在想來向她要錢，要不成就用搶的。**這種夫妻間的搶劫，沒有罪名，不能告上警察局。**難道她只能默默地忍氣吞聲嗎？

更糟糕的是，接下來的一個月，小花從婆家的人口中聽到一樣的要求，一個講得比一個還誇張。

婆婆說：「小花是不是每天都只忙著工作，不太照顧家裡？」

嫂嫂說：「小花是不是吸血鬼，結婚以後，只會吸光家裡的錢？」

最傷心的是，連小花的母親都跑來勸她，「你不要那麼自私。結婚以後，就要像結婚的樣子。」

小花非常生氣。什麼叫做「像結婚的樣子」，這明明是不合理的要求！

她看電影的時候，最討厭看到好人被誣陷、被加諸莫須有的罪名，每次一看到這種情節，她就會按快轉，讓那一段趕快過去。她只想看好人打倒壞人的樣子。沒想到，自己卻變成了那個被冤枉的人，而且壞人就在她家。

●

如果大家都說眼前這一塊白布是黑色的，你願不願意順應局勢，也跟著說它是黑色？

有些人會因為大家怎麼認為，自己也跟著改變，以順著大眾、討好他人。但有一些人，心裡有一把尺，不願意隨波逐流。

心中那把尺特別堅固的人，在婚姻中容易過不去，被長輩念：「難怪你會離婚。」「都是因為你這麼頑固，這麼堅持自己所想，沒有討論餘地才造成的。」

在老一輩的概念裡，婚姻就是要「讓」，比如「睜隻眼、閉隻眼」、「以和為貴」、「伴侶要什麼都說好」、「伴侶什麼都對」的這種婚姻建言。

想想，在這個追求性別平權的時代，為何還有一方被視為理所當然地需要配合對方，來延續婚姻？

兩個人是要互相尊重的，為何被另一方打了巴掌，卻必須默默忍受，甚至有時還得向對方說「對不起，我害你生氣來打我巴掌」呢？

這種讓，是會讓成習慣的。你在婚姻中可能已經讓步到最底線了，最後實在沒辦法接受把白的講成黑的，只好離婚。在你心裡，有一種正義感，心中有一把尺，可以讓，但不能只是一味地忍讓。

所以，不要再怪自己離婚是哪裡做錯了。你要謝謝自己，有這樣的正義感、剛正不阿的價值觀，願意為了維護那面白布而如此勇敢，守住了你的價值觀。

你要尊敬自己。

優點六、寬容而體貼

小唐在感情中，向來是有自信的，也因為他有自信的條件。拿美國護照的他長得像帥氣的混血兒，異性緣不斷，並且對人體貼，加上工作能力很強，是大家眼中的黃金單身漢。

朋友們原以為這個黃金單身漢是定不下來的，有一天，他卻跌破眾人眼鏡，決定結婚。可能是因為女友給他一種安定的感覺。相較於其他女人只會拉著他問：「什麼時候帶我去美國玩呀？」「以後可以生一個ＡＢＣ寶寶喔。」這一任女友對小唐有什麼輝煌過往滿不在乎，知道他拿的是美國護照，也只平淡地「喔」了一聲。

他想，這是真愛。

婚後，妻子卻開始處處嫌棄他，甚至愈來愈不掩飾對他國外成長背景的不屑。每當他回憶起國外的種種，比如當年在國外怎麼念書、吃過什麼樣的食物、交過什麼樣的朋友，她就會不太愉快地說：

「我最討厭吃美國食物了。不要再講了，我聽了就想吐。」

「能不能不要再講美國美國的啊？你現在住的是台灣，不是美國。」

有時候吵架，她會對小唐吼說：「你這麼想念美國，那你就自己一個人回去啊！趕快滾回去吧！」

漸漸地，他在太太面前愈來愈不太敢提到以前在國外的事，回憶往事的機會也愈來愈少。

孩子出生了，自然會有美國護照。但是，妻子一聽他要去幫孩子辦護照，一度試著阻擋他，「我們要出國嗎？為什麼要辦美國護照？」

孩子到了上學的年紀，小唐想送他念雙語幼稚園，妻子不允許。要上小學時，同為ＡＢＣ的朋友，孩子都是念全美語學校，而他也早早準備好教育基金，都已經報名了，妻子卻堅決反對，和他大吵一架後，帶小孩離家出走。

他原以為太太只是不想出國而已。但是慢慢地，發現她是對他所有的價值觀進行著全面杯葛。他的優點、他的特質，太太視而不見，刻意忽略，只是貶低、否定。由於妻子反對，他和國外的老朋友不再聯絡。明明是半個美國人，他的英文卻生疏了。**隨著婚姻愈走愈深，他都快忘了原本的自己是什麼模樣。**

直到離婚之後，小唐才驚覺他曾經一度失去自我。

前妻取得了孩子的單獨監護權。看來，兩個孩子是帶不走了。他感到豁然開朗，

離開了台灣。

他曾經撞牆似的想不透：妻子當初為什麼要跟他結婚？到底有沒有愛過他？離婚後，那些都不重要了。

●

從自己和身邊朋友的離婚經驗中，我學到了一點：**婚姻除了感情的結合，其實也是彼此價值觀的磨合。**當意見不同、理念相左時，假如雙方都很固執，就像一場拔河比賽，會陷入僵局，看誰撐得久，或是想出新的技巧勝出。一味地寬容、體貼，往往適得其反。最後的結果可能就像小唐，自己反而在這一場拔河中，被拉到另外一邊去了。

但那也沒關係，或許可以考慮瀟灑地離開，自己一人，更耀眼。

婚姻不需要拔河，自己就是自己。

【真實案例4：阿宏的故事】

雖然見不到孩子，但他以日記寫下滿滿的父愛

夜深人靜，阿宏望著空蕩蕩的房間，反省著自己可能做錯了什麼，而遭此懲罰。

這一年來，他每晚都在想這個問題。

他常作這樣的噩夢：女兒終於回到他身邊，卻沉沉地睡著了，怎麼叫，都叫不醒；而女兒的媽媽不知何時已經起床，這個他曾深愛的女人無聲無息地站在床邊，看著他——他立刻嚇醒了。

婚後，不祥的預感

多久沒看到女兒了？算一算，從去年夏天開始，到現在一年多了，沒見過女兒，甚至連一句話都沒有機會講。

女兒剛過四歲生日，阿宏想寄禮物過去。前妻倒講得很直接，「你要寄就隨便你，反正我不一定會收。」

他找了一群朋友幫女兒辦慶生會，每個人寫一句祝福的話送給她，還準備了生日蛋糕，只缺了女主角。不過，攝影機記錄了這一切。回到家，家人們為了安慰阿宏，也準備了一個驚喜蛋糕，姊姊和弟弟的孩子們圍著蛋糕，老、中、小三代一起為他沒到場的女兒唱生日快樂歌。

當溫馨又熱鬧的照片送到前妻眼前，他希望前妻至少能讓女兒看一眼照片，得到的卻仍是冷冰冰的答覆，「四歲生日有什麼了不起。是你在過生日？還是她過生日？」

當初，他透過朋友介紹而認識了前妻。

還在交往時，她給阿宏的印象是柔軟。那時，高雄發生氣爆，阿宏就住在高雄，她主動關心阿宏和他的家人。

雖然兩人經常吵架，但言歸於好之後，感情依然甜蜜。分分合合了八、九年，女友快三十五歲時想結婚，阿宏卻猶豫了。他有點害怕，結婚，好像將讓他被關到另一個世界。住在屏東的女友家境優渥，爸媽已經買了一間房子，要當作他們婚後的新居。女友還要阿宏乾脆到她家的工廠做事。

「到時候，我們夫妻倆一起工作，多好。」女友說。她原本在零售業上班，換過幾家公司，說同事們老是欺負她、排擠她，憤而離職後，就回家裡幫忙，然後又因為和爸媽吵架而再出去找工作。如此，一再循環。

「駙馬爺」般的誘惑並沒有吸引阿宏，反而令他想拒絕，對於談結婚的事，一再拖延。最後女友等得不耐煩了，生氣地催促說：「房子早就整理好了，你還在嫌什麼？你只要帶一箱行李住進來就好。」

雖然交往近十年，阿宏卻是直到婚後，才真正開始認識妻子的原生家庭。

婚後，阿宏向公司提了離職，來到妻子家的工廠工作。雖然身為駙馬爺，但他很有親和力，常跟員工打成一片地聊天。

「別看表面上，老闆是你岳父，其實主要都是老闆娘在主導經營。」有一次，一位老員工告訴他。

老員工接著談起往事，他才知道妻子小時候，有一次，媽媽在夫妻大吵一場之後，竟然激動地揚言要帶她去跳樓。另一回，母女倆真的消失不見，全工廠的人都出去找。

阿宏對照自己的現況，再看看岳父和岳母的關係，還有這座工廠，突然起了一陣涼意。

他和她的憂鬱

婚後第二年，女兒出生了。偶爾，他想帶女兒回高雄看阿公和阿嬤，妻子卻百般阻擾。阿宏覺得她好像極力避免孩子跟他的家人太接近。

兩人某一次因為教養問題而吵架，妻子大罵說：「看你們家那樣，我比你會教小孩多了！」阿宏這才發現一件其實再明顯不過的事：妻子根本就不在意他和他的家人，就像岳母根本不在意岳父一樣。

她只在乎她自己。

漸漸地，妻子似乎連掩飾都懶，對阿宏的嫌棄愈來愈明顯，處處挑毛病，阿宏連在家裡吃東西也必須非常小心。

比如他下班回到家時，妻子已吃過晚餐。他坐在餐桌前，打開買回家的便當正要吃，妻子卻對他大吼：「你吃一個便當，我又得收拾一次！」（但每次他要收拾，妻子又嫌他整理了還是一樣髒，不准他動。）就從那一回開始，他吃便當時，被要求就著廚房的水槽吃。阿宏感到悲傷莫名，一邊吃著便當，一邊掉眼淚。

想開冰箱時，她跑過來叫他別開；想洗水壺，她也衝過來說別亂動。後來，連坐在沙發上都被制止，因為「你坐過的沙發就會有皺褶、會亂」，妻子對他說。

才結婚沒兩年就爭吵不斷。「我們不是相愛而結婚的嗎？為什麼會變成這樣？」阿宏想不通。

當時他沒想過可能是太太的心理狀態出了問題。他只覺得要對妻子體貼、關懷、溫暖，他都盡力在付出，但不知為何，妻子就是開心不起來。

有一天，他發現妻子偷偷在吃抗憂鬱藥，已經好一段時間了。

他自責怎麼沒注意到她有狀況，需要幫助。然而到了這個地步，妻子根本就與他劃清界線，拒絕他的任何關心。

●

那天，太太洗澡時，阿宏逗弄著孩子，一個不小心讓她摔到地上。孩子大哭。妻子聽見哭聲，趕忙出了浴室，緊抱起女兒，竟也跟著大哭起來，好像阿宏做了什麼天大的錯事。但他終於看清楚了，這些淚水其實不是因他而起，那是深藏在她心裡的苦痛，阿宏只是一直被當成出氣筒。

隔天晚上，阿宏下班回到家，卻一個人都沒有——妻子帶女兒回娘家了，留下一張字條：「你這麼想回去你家，那你就自己一個人回去住吧。」

妻子以母親為靠山，無論阿宏想盡了多少辦法試圖聯絡、求見面……她都不理不睬。雖然兩人之間早已問題不斷，但是她這麼突然地撕破臉，還是令他很錯愕。

他決定先回高雄，也許距離拉遠一些，可以幫助彼此冷靜一點。

沒想到走出這個家，他就再也回不來了。

她竟然餵三歲的女兒吃百憂解！

孩子一歲時，兩人離婚了，並且由前妻獲得了單獨監護權。原本阿宏想跟她搶監護權，但前妻嗆道：「你要跟我搶監護權？我就死給你看！」他太清楚前妻抓狂起來有多可怕，擔心她真的做傻事，為了孩子，他不去搶。

雙方協議阿宏在每個月的第一、第三週可以探視；孩子未滿三歲前，每次探視，可以帶走孩子一整天。但是前妻不太守約定，好幾次不讓他看女兒，有時隔了三個月都見不到面。等到法院介入，她才不得不遵守協議，但一陣子後，又故態復萌。

好不容易捱到孩子過了三歲生日，依法官的判決，從此阿宏可以帶女兒過夜，前妻卻很不甘願。孩子想睡覺的時候會哭鬧，有一次，阿宏推著娃娃車到公園繞圈圈，讓她慢慢地睡著，前妻突然出現，結果女兒一看到媽媽就大哭。她推給阿宏，說：「你看，女兒哭得這麼慘。你對女兒做了什麼事，她才不想跟著你？」

這是一段漫長的拉鋸戰，前妻一直想找證據向法官證明阿宏是糟糕的父親。面對她的窮追猛攻，阿宏只有挨打的分。

某天，他從某位醫師那裡詢問到女兒的就診紀錄，才驚訝地發現長期以來，妻子是怎麼對待女兒的。

由於女兒晚上常吵鬧，她竟然帶女兒去看精神科，還想辦法說服醫師開抗憂鬱的處方藥「百憂解」，給才三歲的孩子吃。女兒已經吃了一年的百憂解。

紀錄顯示，她帶女兒看了好多位精神科醫師。阿宏循線找到其中一位，醫師對一直要自己開藥給稚女的媽媽印象深刻，嘆了一口氣，「小朋友沒事，有事的都是大人。」

那位醫師後來並沒有開藥。據說，阿宏的前妻跑了好多家醫院，被拒絕好多次以後，才終於找到一位醫師願意開「百憂解」。

「孩子真的知道我是好爸爸嗎？」

最令阿宏無法接受的不是對方很糟糕，而是明明過分的是對方，卻反而指控阿宏是壞人。那種冤枉，一度讓離婚後的阿宏比沒離婚前還痛苦。

比如，女兒和阿宏在一起時，明明笑得非常愉快，前妻卻說那個笑容是裝出來的。女兒回到阿宏家時，和堂哥、堂姊和堂弟玩得好開心，孩子們從高到矮排排站，站在中間的女兒眼睛都笑成一條線了，是所有孩子中笑得最開心的。他給前妻看照片，她依然硬拗說：「反正女兒在你那裡都很不快樂啦。」

前妻的指責，卻阻擋不了孩子的真心話。某天，阿宏帶女兒去親水公園，陪她玩了一整天，離開時，女兒對他說：「謝謝你陪我一起來，爸爸。」小朋友特有的稚嫩童音，讓阿宏聽得心都融化了。

但畢竟女兒不在自己身邊，阿宏很惶惑：孩子真的知道我是好爸爸嗎？

——顯然，答案是否定的。

有一次，他取得前妻和孩子的對話錄音檔。聽了之後，才知道前妻如何誘導女兒，讓女兒覺得不該讓爸爸見到自己，聽得他整顆心都碎了。

「爸爸說要來接你，怎麼辦？」前妻問女兒。

女兒問：「為什麼呢？」

「因為爸爸有一張免死金牌，」前妻說：「媽媽如果沒有照做的話，就會被警察抓走了啊。」

女兒一聽到媽媽要被警察抓走，著急地說：「快想辦法啦。」

前妻的語氣一轉，「媽媽放開你的手，讓你去爸爸家住好不好？」

女兒愣了一下，聽懂媽媽的話以後，馬上說：「不要。」

前妻：「可是這樣沒完沒了啊。」

女兒：「不要。」

前妻：「你這樣兩邊跑，很辛苦啊。」

女兒：「不要。」

前妻：「媽媽照顧也辛苦啊，怎麼辦？」

女兒：「不要。」

「媽媽也不想要啊。你要住這裡，媽媽也知道，可是有人就是不相信。」前妻說：「有人就是不放手，有人就是要一直這樣子為難小孩，讓小孩辛苦啊。」

前妻對著聽不懂的孩子，愈講愈生氣。

「他這個禮拜六要來接你，你說怎麼辦？你不知道怎麼辦，媽媽也不知道怎麼辦。這個僵局總是要打破啊。總不能讓小孩子再這樣。」

她又接著說：「他不懂，為難小孩的媽媽，就是為難小孩。那這樣子就沒完沒了啊，怎麼辦？」

孩子哭了起來。前妻說：「媽媽抱抱，媽媽抱。」

然後，她繼續說：「爸爸說他要到樓上這邊，我們家這裡，把你接走。那你要嗎？」

女兒：「不要。」

前妻：「他說他要親自上來接你啊。」

女兒：「不要。」

前妻：「他要進來我們家接你啊。」

女兒：「嗯。」

前妻：「對啊，你要去嗎？」

女兒：「不要。」

前妻：「你爸爸都敢說啦，他要進我們家。」

女兒：「不要。」

前妻：「那你只能勇敢一點，跟爸爸說你真的不要，否則媽媽也沒有辦法幫你。」

女兒：「嗯。」

前妻：「我沒有引導你說任何一句話哦。」

女兒：「是啊。」

前妻：「這是你自己說出來的，媽媽也沒有說你不能去，從來就沒有說過啊，對吧？」

女兒：「嗯。」

前妻：「對啊。那怎麼辦？就只有你自己跟爸爸講啊。就算講了，我看他也是會堅持帶你走吧。那怎麼辦？因為他就是這樣的人。」

女兒：「嗯，壞人，可惡的人。」

前妻：「壞人是你自己說的，媽媽可沒有說。」

最後，前妻說：「你看，你到十一、二點還沒有辦法睡覺啊，愈來愈糟糕。」

女兒連忙說：「我要睡覺了。」

錄音檔播放到這裡，聽著女兒模糊的聲音，阿宏淚流滿面。

婚姻為何會走到這麼可怕的地步？讓曾經的愛人做出這麼沒有天理的事，讓兩人共同的結晶連見爸爸一面都不被允許。為何老天讓他遭受這種骨肉分離之痛？

「孩子，爸爸會努力的！」

朋友們義憤填膺地為阿宏打抱不平，要他對前妻告到底。不過漸漸地，他反而覺得自己該放下了。這段時間的拉鋸，讓他知道自己的勝算不大。他唯一擔心的就是一旦放棄爭取監護權，女兒會離他而去。

有一次在法庭上，法官聽了阿宏的故事，請書記官暫停記錄，私下告訴他，「聽起來，你的前妻真的怪怪的。你應該堅持下去，讓孩子感覺到你沒有放棄她。」

不過，阿宏卻突然有種領悟：放下看不到終點的官司，不是放棄女兒。而是**身為父親的他要先把自己過好，為孩子做出示範：愈是遭遇低潮，愈要讓自己的每一天更精采地活著**。

對照另一邊，前妻仍舊發狂似的想辦法斬斷女兒和阿宏的所有可能關係，繼續阻擋他見女兒。在他連續四個月都見不到女兒後，法官問他是否想和前妻爭監護權，他卻選擇讓步，撤掉告訴，也不請律師了。

那位法官的建議，讓他想辦法找到另一個方法，存放對女兒的思念。

為了讓女兒長大以後知道發生什麼事，明白爸爸從來沒有放棄過她，他開始不間斷地每天寫日記，已持續三年。

每天的日記都很豐富。他以文字盡情抒發對女兒的想念，有時候會放照片，如果當天沒有什麼好記的，也會找一些歌詞寫下來，鼓勵自己，也鼓勵孩子，「爸爸也會努力喔。」

以後有一天，當女兒看到這些日記的內容，就曉得爸爸在與她分開的每一天是怎麼過的。一想到此，阿宏更用力地生活，把日子過得更豐富。為了女兒，他要留下精采的文字、照片、影片和歌聲。

有了這份日記，即使見不到面，卻覺得女兒天天都在看著自己，就像父女倆每天相處在一起。

誰也無法讓他們分離，父女之情是拆不散的。

●

交往了十年，也可能看不清楚一個人的真實樣貌。

阿宏把自己的故事，分享給所有還在婚姻中、或已離婚卻不快樂的讀者，並且想告訴讀者：**當自己扎扎實實地過好每一個日子，正循環便有機會啟動，原以為停滯的人生也有機會再次滾動。**

5

與原生家庭、孩子，一起走向重建之路

與原生家庭、孩子，一起走向重建之路

結婚不只是兩人的結合，亦是兩家人的結合；而離婚的痛，往往也是兩家人的痛。

談到離婚的話題，家人可能反對、可能過度關心（擔心）……無論如何，這件人生大事對我們與家人的關係，都會造成一些影響。離婚之後，和自己的家人之間，才要開始重建。

無論孩子有沒有跟在自己身邊，這時候，也才需要和孩子重新建立一段關係。

談親密關係的書較少談到這樣的內容。離開一段感情，許多人經歷過；但成

功地重建一個家，並非大家都有機會做到。

我覺得我算是幸運的，可以在經歷快十四年的不幸福婚姻後，不但順利離婚，還在短短一年後，重建了我的家庭。這個新家有幾個成員：我的孩子、我的父母，還有一位孩子們稱為「Nana」的「阿姨」。

在這一章，我透過分享自己走上重建之路的經驗與心得，以及就在我們身邊發生的故事，來談談如何度過這一段。

步驟一、先清理關係，留意「對方派」的人

小茹結婚後，和婆婆相處得非常好，人家所說的婆媳問題，她完全感覺不到。她本來就和自己的媽媽比較疏遠，有婆婆在，她好像多了一個母親。事實上，要不是與丈夫還在交往時，就認識了婆婆，讓她很期待婚後與婆婆同住，她也不會那麼快便同意結婚。

也確實，直到「那天」之前，她覺得結婚後，是她一生中得到最多讚美的時光。這個婚真是結對了。

那天晚上，丈夫正在洗澡時，他的手機響起來訊提示，小茹瞄到螢幕顯示的訊息內容，語氣有點曖昧。緊接著，丈夫的手機響起，她接了起來，一個年輕女人一聽到她的聲音，便直截了當地告訴她，「我跟你老公……」

那個女人竟然是丈夫的小三?!小茹崩潰了，但是怕婆婆擔心，她仍佯裝鎮定。當晚在睡前，她叫丈夫把事情說清楚，但他避而不答。

隔天，丈夫提早出門上班，晚上到了好晚還沒回家。小茹實在藏不住了，和婆婆談起這件事，傷心地說：「如果他真的有小三，那我一定要離婚！」

婆婆聽了也很生氣，不但和她一同罵起兒子，並對她說：「小茹，你有什麼心事都可以跟我說。我這個兒子跟他爸爸實在太像了，我完全知道他下一步會怎麼盤算。」

這段話，讓小茹深感婆婆好明理，與自己站在同一陣線。於是，她接下來的每個行動都告訴婆婆，包括她準備找徵信社、找律師……

幸好，從談判到簽字定案，辦理離婚的過程沒什麼波折，而且她很順利地爭取到兒子跟著自己。

雖然做不成婆媳，不過，前婆婆仍繼續與小茹保持聯絡，常常打電話鼓勵她、關心她的近況，要她好好幫自己照顧孫子。

她繼續和前夫打官司，進行後續的求償，卻進行得不太順。

漸漸地，她發現有點奇怪。為什麼前夫彷彿總是能預知她的下一步行動？

長期被蒙在鼓裡的她，後來終於知道，原來看似和她很麻吉的前婆婆，一直在將小茹告訴她的所有打官司的動向，密報給自己的兒子。

更令小茹心灰意冷的是，為了搶孫子，前夫一家人像瘋了一樣，竟敢在法庭上作偽證！三天兩頭打電話對她噓寒問暖的前婆婆上了證人席，做出對她不利的假證詞。後來，她更幫助兒子聲請了對小茹的保護令。

●

別懷疑，當婚姻撞牆，很有可能讓人像小茹這樣，陷入叫天天不應的恐怖境地。

在婚姻中，我們和對方各擁一批忠誠的家人、朋友。當婚姻有天出狀況，若自己的身後少了支持者相挺，不但孤立無援，甚至有時會遭到對手陣營群起圍攻。

不只離婚前如此，有時候，會一直持續到離婚後，就像小茹那樣。你只記得這些「公公婆婆小姑嫂嫂們」以前都很疼你，卻忽略去想到了**離婚後，他們可能會變得很不一樣。**

我聽過一個爸爸的故事。婚後，夫妻倆住在太太的娘家，孩子請丈母娘照顧。兩人經常吵架，吵到感情快散了。有一天，他下班回到家時，發現妻子已把他的東西打包好，並且家裡來了好多人，是妻子的表弟、表哥、舅舅等男性親戚。妻子有親戚撐腰，要求他馬上離開，不許再進這個家。他就這樣被趕走，再也看不到孩子。

另一位朋友在辦理離婚的過程中，則是遇到伴侶為了打贏離婚官司，找了一群哥兒們在一旁側錄，甚至「講義氣」地不惜犯法，幫他作偽證。

看起來匪夷所思，但是面臨婚姻關係破裂，卻是有可能發生的事。

所以在離婚後重建的第一步，就是要先清理人脈：將與前伴侶相關的朋友、家人列入觀察名單，甚至進一步地考慮切斷關係，不再聯絡。

重建的第一步，就是**劃清界線。不管實際上怎麼做，但是在我們心裡要建立一個很清楚的想法，並且接受：對方不會站在你的這一邊。**

你對自己的那一份愛，是不是還在？

步驟二、對自己的家人，鄭重表達重建的決心

以前，小妍的丈夫經常很晚才回家；這段時間以來又更晚了。在家裡，兩人互不說話：丈夫直接進房，倒頭就睡。小妍則窩在客廳的沙發上。

自從丈夫和她提離婚的那一天起，她就知道一切都回不去了。

離婚的細節很難談。對方要的，小妍都無法接受。她常找姊姊討論，因為姊姊前一年才剛離婚，給了她不少指導，而更多的是安慰。這段痛苦的期間，除了幾個閨密以外，就是親姊姊在陪伴自己。

然而，她愈來愈覺得奇怪。她的離婚特別難談，好像是因為丈夫總能先一步得知她想怎麼做，而不斷地刁難，要讓她無法稱心。

比方說，她希望爭取一半的房產，沒想到丈夫已經先申請好特別文件來保護房產。當她知道丈夫在另一個戶頭裡還有一筆錢，正準備請律師時，老公卻已先一步將那個戶頭清空。

她以為丈夫請了一個厲害的律師，能預測她的行為。但是他的「預測」幾近神準，小妍不禁開始懷疑是不是他偷看了自己的手機。但她的手機設定了密碼保護，況且有很多事情，她只有和軍師姊姊在電話裡聊過，他不可能聽得到。

直到她在偶然間發現丈夫和前姊夫阿輝的對話紀錄，聊的正是小妍的離婚對策。兩人在對話中，還用了非常粗鄙的形容詞罵小妍的家人，甚至罵她爸媽。

實在太不可原諒了！

如果不是姊姊透露的，前姊夫怎麼會知道她們姊妹倆的私密對話？她原想找姊姊問清楚，但是離婚大事當前，不能再讓對手知道自己的任何事。

她完全失去了對姊姊的信任，從此便斷了聯繫。不管姊姊如何找她，她都不回也不理。

直到離婚後過了好一陣子，她終於接起了姊姊的電話，這才曉得自己誤會大了。

原來在小妍談判離婚的那段期間，姊姊非常擔心小妍。她知道前夫和妹夫走得滿近的，有時便與前夫聯絡，假借與他聊小妍的事，想打聽妹夫的動向。沒想到反而被利用了，不小心透露了情資，導致姊妹倆之間有那麼久的心結。

當你離婚的時候，壞掉的不只是你與前伴侶的關係，還有可能會影響你與自己家人之間的關係。

獲金球獎肯定的影片《婚姻故事》（Marriage Story），男女主角談判離婚，片中有好幾幕敘說男主角與妻子姊姊之間的互動。可以看得出來，離婚如此大事，當事者的家人（比如女主角的姊姊）卻在狀況外，有時只能一個口令、一個動作。

我舉辦的離婚相關主題座談中，有許多人說自己因為離婚而和家人鬧翻了。

所以，重建的第二個步驟是**將家人拉回來，鄭重地向他們宣告你要重建這個家的決心。**

家人出於關心，往往會表現得非常擔心我們離婚的事，擔心我們會不會鑽牛角尖地對小事情想不開、會不會碰到無法解決的事卻不開口等等。這時候，只有表達出你的堅定，並告訴家人：「我已經決定不再和前伴侶聯絡，請你們也千萬不要再接對方的電話。」「前伴侶這樣子做，我已經決定要和對方爭取到底，請你們一定要站在我身旁，支持我。」

這些充滿力量的話，可以拉攏一群受傷的家人。就像當初那個結婚的你——在離婚之後，仍然可以在家裡的舞台發光，與家人們一同往前走。

步驟三、面對無緣的前伴侶，應該「謝謝他／她」

離婚後，我才知道人是可以很快忘記痛的。如今回顧自己糾纏了近十四年的婚姻，覺得很可笑：當時為何花那麼多時間、投注那麼多心力，去恨一個人？

減輕痛楚的一個祕訣是讓恨意降下來。怎麼做？就是拿恨意的相反來對治，也就是「感謝對方」。

「恨他」，只會從痛到更痛；「謝謝他」，才能從痛到無痛。

這招對我而言很有用。當年在婚姻中的我即使痛苦不堪，也不敢輕言離婚，怕孩子受到影響，怕自己再也看不到孩子。我多麼恨前妻，將她的各種言語及肢體折磨稱為暴行，替她取了各式各樣的綽號。當年，我就是那麼恨她（或許她也同樣地恨我吧）。

當時就有人建議我，試著「謝謝她」。但我實在做不到啊！也不懂為什麼要謝謝她。這樣的人，有什麼值得我感謝的？

帶著這個疑惑，我離婚了。

由於要照顧兩個孩子，本來連煮水餃都不會的我，學會了下廚。幾個月後，我可以備出一桌色香味俱全、營養好吃的菜餚給孩子吃，隔天還能帶便當。

當我站在廚房裡，我才知道，前妻在想什麼。

廚房這個地方，彷彿一處特別容易讓腦子快速積怨的神奇小空間。從料理到清理，是非常辛苦的。而當你忙得不得了，切好菜、下炒鍋，旁邊還在煮麵，水槽裡有許多碗盤鍋瓢待洗，獨自弄了幾個小時，沒有任何家人協助……

當年的我下班回到家，不但沒關心前妻的辛苦，還叨念著其他覺得她沒做好的事情；加上兒子、女兒在旁吵吵鬧鬧。

此時，真的很容易在心裡生起怨氣，不斷堆積，而伴侶很容易成為被指責的矛頭。

前妻值得我感謝嗎？是的。

單單她願意站在那個又小又熱的廚房十幾年，為我們煮飯、燒菜，就值得我一輩子感謝她。

還有其他好多的事情呢。

離婚一年半的我，如今可以輕鬆說出一連串感謝前妻的話，這或許也表示我又走到了另一個新的階段。

原本我恨她，其實是因為我還和她綁在一起。恨對方、怪對方，甚至詛咒對方，宣告了自己還需要對方才能活。當我離她已遠，那股恨就不見了。就好像你不會恨新聞報導裡面的人，無論那個人多可惡，因為你們不相關。

這樣的念恩，最大的受惠者仍是我自己。我的心溫暖了，我給了自己交代，我的痛苦減緩了。

步驟四、在其他地方，做得比以前更好

在座談中聽過有人說，覺得離婚後，失去了很珍貴的東西。也有人失落地想：

「我還有再次站起來的一天嗎？」「我還能像以前一樣微笑嗎？」

我倒覺得，**我們應該視離婚為一個契機，而不是危機**。原本的負重解除了，從此以後，我們的目標絕不只是再站起來，或再次像以前一樣微笑，**我們要讓自己活得更好**。

剛離婚時，我心想，自己終於度過人生中的一個關卡，接下來，我要讓自己活得更好、更快樂。這個時候，不用對自己客氣，一些不敢做的事，都盡情去做吧。以實際的改變來對自己宣告：「我自由啦！」

這樣的想法在無形中產生影響，我發現我的氣色、甚至運勢等，逐漸正向地運轉起來。而這時候，我的人生其實也準備好要健康地接受下一段感情了。

此事倒沒有特別計畫，只是某天，恰巧與一位剛從美國返台的作家朋友聊起離婚一事，我隨口說：「如果有適合介紹的對象，請介紹給我。」

回想起這件事，當時會做出這樣的請求，真的是大膽至極，不像我平常的風格。但是我想那時候的我，應該是很積極地面對新人生，做什麼事都全力以赴吧，包括找異性朋友也變得很大方，而不是還帶著傷痛，消沉地自怨自艾。我反倒像個剛上大學的新生，面對花花綠綠、琳瑯滿目的人際活動，看什麼都躍躍欲試。儘管，我是離婚、帶著兩個孩子的單親爸爸，我依然勇往直前。

於是，朋友安排了一場四個人的會面，而那位善良的有緣單身女士，給了我一個新的機會。

認識她以後，我繼續過著單親爸爸的日子，在家洗衣、掃地、煮飯、接送小孩，閒暇時出門約會。對孩子，我並沒有特別遮掩。

離婚之後，我便決定手機不上鎖，孩子可以隨意觀看我拍的照片、寫的文字，我想這樣有助於讓他們更理解爸爸。兩個孩子默默關注著我的新戀情，直到有一天，他們主動對我說：「我們想見見爸爸的女朋友。」

見面之後，她覺得與兩個孩子很投緣，而孩子們也非常喜歡她，喚她「Nana」。

●

我想，或許是因為她的觀念夠開放，願意傾聽各種人生經歷，以高超的同理心盡力了解我們，深信愛與包容可以化解一切困境，於是，她願意與離婚後不到兩年的我，和兩個孩子共同重新建立了一個家。

她是一個相信未來會因為努力而愈變愈好的人。我們在兩個人的關係裡，各自有所發揮，即便每天仍會遇到困難，我們仍勇往直前。

在這本書裡，如此直率地分享這一段，我們已準備好接受各方的祝福。

步驟五、準備好一道永遠的「裂痕」

那麼，之前的那個人呢？過了好久以後，離了婚的兩名相對人，真的能雲淡風輕、放下一切恩怨嗎？

聽過一些例子，一方可以放下了，但對方卻始終帶著怨恨，曾經的裂痕難以弭平。也有這樣的情況，當一方終於覺得可以放下，在內心與對方真的和解，對方反而因為嫉妒，無法接受「怎麼可以過得比我好」而百般作梗。

有時候，這會讓我們感到非常挫折，以為早就離開了，卻又繼續有糾葛。

也有人擔心一旦離婚，自己就不再完美。但，**人生本來就不完美。我們離開了一場挫折的婚姻，反而認清真相，看到人不必完美，只要自己覺得自己好，也是**

很有力量。

所以，我們要準備過好這不完美的人生。**即使有人可能帶著不友善的眼神看著你，也不要讓自己受影響，而是要繼續保持樂觀，用愛與力量來化解對方可能的反噬。**

我們更有力量了，我們更應該要幫忙其他人，到最後也可能幫忙了你曾經愛過、只是沒有緣分天長地久的那個人。

【真實案例5：小馨的故事】

她終於走出家暴陰影，擁有獨立的海闊天空

小馨在外商公司擔任高階講師，人前自信滿滿，卻沒有人知道，她其實是長期遭丈夫家暴的受害者。

明明擁有離開丈夫、獨立生活的能力，為何她卻像被困在一班無限列車裡，怎麼跳都跳不出那一段恐怖的婚姻？

從言語暴力，到肢體暴力

還在交往時，小馨覺得男友是個滿有想法的人。他常不屑地說：「這世界上的笨蛋太多了。那些人都是白痴！」這樣的特質感覺有點酷，令小馨非常著迷。儘管在旁人看來，他其實是眼高手低，但她並未太在意。

結婚半年後，丈夫嫌公司不懂得惜才，憤而辭職，從此就再也不出去工作。而小馨的工作表現愈來愈獲得公司看重，職涯節節高升。

漸漸地，兩人形成一種默契：小馨負擔房租與自己和孩子的生活費；全家出去吃飯時，都是小馨付帳。老公似乎沒有要找工作的意思，只是每天在家上網、看電影；小馨負責賺錢。當她飛往香港、上海等城市講課時，家裡和孩子交由老公顧。但她覺得「ＯＫ啊，一個家，本來就是要夫妻兩人分工」。

起初，她沒察覺到有哪裡不對勁，只是覺得先生的脾氣似乎明顯變差，控制欲也變得比較強。見妻子愈來愈有成就，他彷彿當起了她的經紀人，連她的臉書貼文也要評論一番。兩人開始衝突不斷。

當初在交往期間，小馨忽略去觀察丈夫和原生家庭的關係。婚後，她漸漸發現他在自己家裡過得並不愉快，夾在兄弟姊妹中間，雖然一路都是人生勝利組，也最會念書，卻覺得始終沒被家人看重。這部分的缺憾，在他心裡一直未解。

小馨不曉得，失業的丈夫是否因此對事業順遂的她愈來愈看不順眼，**先用言語暴力，逐漸地愈罵愈直接，然後，開始對她動手。**

家暴受害者的「自欺循環」

從前，家暴只是在報紙的社會版看到的事，小馨沒想到有一天，竟然會在自己的家裡，發生在自己身上。

丈夫平均每半年會對她嚴重地動手一次，每一次，都讓她留下很深的創傷。有時，他不親自打，比如當小馨忘了繳帳單，便叫她自己掌嘴，或要求小馨向他下跪，並且很滿意地看著這景象。而小馨懼於老公的威權，竟悶聲不吭。

認識小馨的人，一定無法想像她在家裡竟然是這樣子。在外面，她是一個很成功的高階主管，演講的邀約不斷，經常搭飛機在兩岸三地跑。沒想到回到那個小小的家，門一關，竟落到那樣的狼狽。

直至後來，小馨的工作與育兒兩頭燒的壓力太大，才在一次諮商中，將自己受到家暴的事告訴心理師。心理師聽了，告訴她，**「許多家暴受害者，很容易進入一種自欺的循環。」**

丈夫每次打了她之後，態度都會放軟，讓小馨想原諒他，甚至讓她誤以為只要別再惹怒他，就沒事了。同時，她也將丈夫愈來愈嚴重的暴力行為「合理化」：是不是和中年危機有關？是不是因為孩子太煩？……但這些問題是永遠找不到答案的，因為都是小馨自己幫丈夫家暴找的藉口。

●

婚後第六年，小馨不堪家暴，提出離婚，並取得了女兒的監護權，因為丈夫主動放棄，乾脆地同意離婚。

接著，成了前夫的他消聲匿跡了一年，小馨與女兒獨自生活。

沒想到，從此卻開始了心理師所說的「循環」。

竟然與家暴的前夫復合，又生了一個小孩

新生的門開了，小馨帶著女兒平安地走了出去，想不到在一年後，她卻做了一件令親朋好友們極為驚訝的事：她不聽任何人的勸阻，居然又帶著女兒，與前夫復合，並且再次同住一個屋簷下。

在家人、朋友們眼中，這應該是小馨這輩子做過最錯誤的決定，因為更令人匪夷所思的是，雖然他們兩人沒有再次結婚，但是生了第二個女兒。小女兒是在雙方沒有夫妻關係的情況下出生的，於是前夫辦了手續，「領養」親生女兒。

就這樣，小馨離開了再回來，竟然與前夫組成了四口之家。

與過去相比，情況沒有變太多，甚至漸漸地更糟了。前夫表現得愈來愈極端，仍然失業的他，想要掌控小馨的一切，

為了控制小馨，他藉故要幫大女兒辦搬家後的入籍手續，拿一份文件叫小馨簽。她沒多想便直接簽了名，後來才發現前夫成了大女兒的唯一監護人。小馨的監護權就這樣莫名地被剝奪了。

前夫還威脅大女兒，「你不要像媽媽一樣『做錯事』。假如又一次，爸爸就再也不會出現在你面前了。」這一招很有效，大女兒曾經一年沒見到爸爸，對那種思念的煎熬感還記憶猶深。

小馨竟也繼續留在那個家，而且又撐了六年，大女兒都快要小學畢業了。如果不是一年前冬天的某一晚，發生了那件事，讓她終於清醒，她恐怕就會這樣被控制著過一輩子。

從此，與大女兒分離

那陣子，兩人經常大吵。一直待在家、沒有工作的前夫，一直想要插手管小馨開公司的事，但她不依。

一開始，他先祭出冷暴力，三、四天都對小馨不理不睬；後來更直接要脅小馨必須讓他當公司負責人，才放過她。小馨當然拒絕了這個離譜的要求，結果那個晚上，前夫似乎豁出去了。

兩人又為了公司的事情激烈爭吵時，前夫變得非常生氣，那種憤怒彷彿是從很久很久以前就蓄積，再也包不住地整個爆發了出來。當時，小學快畢業的大女兒目睹了一切。

「你把東西收一收，滾啊！」前夫大吼。小馨對這樣的威脅早已無感，因為她和大女兒常常被前夫趕出去。那一晚，前夫果然又想趕她走，「如果不走，我要揍你！」

這一次，小馨不再聽話。她冷靜地說：「不，我不想走。這是我的家，房租是我在付的。要走的人應該是你，不是我——」前夫突然衝過來，她還來不及反應，就被用力摑了一巴掌。

大女兒在旁目睹，驚聲尖叫，跑來媽媽的身旁要擋住爸爸。但這個爸爸已失控，吼向女兒，「你不要擋，再擋，我連你一起打！」

前夫緊接著又衝來對小馨揮拳，她舉起手擋下，沒想到他手一轉，揪住她的頭髮，硬拖著她，打算將她拖出大門。

小馨淒厲大叫，大女兒、小女兒同時跟著大哭。

此時的小馨非常驚恐，再也無法原諒前夫。終於從他手中掙脫後，趁他一時踉蹌，趕緊帶著兩個女兒離家。情況危急，前夫還搶走了她的手機，不讓她有機會打電話出去。

說來諷刺，她本來就準備好了一個逃難背包，裝著現金、護照和首飾等物品，以備遇上地震、火災時，可以提著就走。沒想到天災比不上人禍，就在這一晚，來自她最親密的枕邊人、孩子的爸爸。

小馨提著門邊的救難背包，趁亂撿起被前夫搶走後丟到地上的手機，拉著兩個女兒，慌忙地打開大門，衝進她停在門口的車子裡。匆匆駛離後，三個人仍驚魂未定。

然而，還沒離家多遠，大女兒便開始抽抽噎噎地哭了。她說：「媽媽，我有很重要的相簿在家裡，我要回去拿……」

女兒可能是想起爸爸經常威脅她的話，「你們一走，就再也看不到爸爸了」。她安慰女兒，「別擔心，媽媽會再去跟爸爸談。我們先離開，去避難。」但是大女兒仍一直哭著說，「那個相簿真的很重要……」還說希望媽媽回去找爸爸，不要離開。

小馨心疼女兒，決定冒險回家幫她拿相簿。

她特地找了一個住家附近的暗處停好車，叫兩個女兒在車上等，她回家去拿。沒想到車門一開，憤怒的前夫突然冒出來，用力抓住小馨的手，並且命令大女兒下車，威脅若她不聽話，「爸爸不知道會對媽媽做出什麼事！」

當時，大女兒十一歲、小女兒五歲。小馨永遠忘不了這天——因為這就是她和大女兒相處的最後一天。

至今，她仍沒機會問大女兒：那本「重要的相簿」，究竟是什麼相簿？甚至，它是否真的存在？

•

冬季的深夜，驚惶未定的小馨開車載著小女兒，到警察局報案。

筆錄做了非常久，母女兩人都疲累不堪。警員告訴她，「今天是星期五，而且時間這麼晚，社工都在休息了。你不如先去醫院驗傷，然後找個地方休息一下，等下週一再來報案。」他並給小馨一些如暴力評估表等文件。小馨很老實，即使遭此家暴，但是前夫沒有做出的暴力項目，她都沒有勾選。

當時，她一心想著得盡力穩住自己才行，大女兒的情況未明，絕對不能讓小女兒看到她崩潰。

不料，隔天下午，手機響起通知，前夫竟然登入了她的臉書帳號，得知她前去報案的事。

當天晚上，大女兒打電話給她，對她說：「媽媽，你不要再做錯事了。」聽到前夫常掛在嘴邊的這句警告，小馨忍不住問：「這真的是你自己要說給媽媽聽的嗎？」

電話立刻被掛斷。過沒多久，鈴聲又響起，小馨聽得出是前夫在旁邊指示女兒說話。

這也是最後一次，她和大女兒有比較完整的對話。此後，她再也沒有機會好好地跟大女兒說話。

脫離家暴的過程，像戒毒一樣艱難

警員的處理方式，延誤了小馨的報案時機。她等不及星期一，週日下午又去警局找那位執勤警員，警察卻說由於已隔了兩天，有些程序已來不及進行，他們愛莫能助。於是，她只好自己去聲請保護令。

週一一早，她帶著所有文件到了法院，還帶了她遭到家暴時，偷偷錄下的錄音檔，卻被要求提供譯文。小馨只能回到車上，邊哭，邊將自己悲慘遭遇的錄音重聽一遍。

一旁的小女兒看起來惶然無助，而大女兒不知被帶到何處。

小馨無計可施，決定請家事律師，然而不知為何，打了好幾通電話，卻沒有律師願意接她的案子。後來她才聽說，這種家暴案，當事人在提告之後，常常又會撤案，重回施暴者的身邊，因此，有些律師不願意接這類案子。

不斷地回到家暴者身邊……這就是受暴者的命運嗎？回想過去十二年，自己不就是這樣子？

她開始注意到，自己有自我價值低落的傾向，因此就算明明是無故被打的一方，她也往往懷疑是不是自己真的有哪裡做錯了。不但只有前夫每次都替他的暴力行為找解釋，她也常習慣性地為他找理由。

明明大門就在眼前，被家暴的她竟不敢貿然離開，因為覺得自己一離開這段關係，將體無完膚。

經由社工協助，她開始參加相關的心理課程，漸漸地明白了，**原來不是自己太軟弱，而是要離開一名家暴者，將自己從原本深陷的依附感中拉出來，真的就像戒毒一樣困難。**

家暴者才應該自我價值感低落，不是你

時隔一年，如今的小馨常在台灣各地演講，分享自身「戒（家暴）毒」的經歷。她是怎麼走過低潮，重新獲得站起來的力量？

其實在那一年中，有一段時期，小馨每天都想打電話給前夫，因為她忍不住自責是不是她對前夫不夠好，才導致這一切。她常這樣自問：「如果我改變了，他是不是就會轉好，不打我了？」一想到這裡，就好像螞蟻在全身鑽動似的難受。

覺得撐不下去了，她就打電話給社工。社工協助接住她的情緒，也努力拉著她，

勸她千萬別再回到那個施暴者的身邊。

社工告訴小馨，身為助人工作者的他們有時難免沮喪，因為見過太多的家暴當事人最後都選擇回到施暴者的身邊，有時，最後發生了更嚴重的暴力事件，甚至衍生成刑案。他們非常無奈，有深深的無力感。

她鼓勵小馨，經過這一段心理的磨練，恐懼會漸漸地消失，小馨也將能逐漸找回自我掌控感。

「回到現實的狀態裡，現實的你是非常安全的。」心理師說：**「你看你這麼有能力，是他才應該自我價值感低落，不是你。是他把那些丟給你，好讓他展示權力，控制你。」**

你的價值，不需要向任何人證明

小馨和小女兒逃離了那個家之後，萬般思念還留在家裡的大女兒。雖然大女兒是父母家暴的「目睹兒」，但法官仍舊無法協助小馨與大女兒團圓。

法官說，只有她在期限內將大女兒帶到法庭，他才能判給小馨暫時的監護權。

為此，小馨趁前夫出門時，冒著極大的風險溜回家，可是大女兒不肯跟她走。她還請警察、社工去拜訪，但女兒只是透過窗戶看著他們，不敢開門，前夫則躲在房裡，監視著一切。

法官給的期限到了，但小馨始終帶不走大女兒。

過了一個月，前夫不告而別，帶著大女兒搬離。

小馨帶著小女兒回到那個傷心的家，一景一物，如此令人揪心。

回到熟悉的家，卻沒有了爸爸，也沒有了姊姊，小女兒因而非常沒有安全感。她們住的是透天的三層樓，小女兒不敢一個人上廁所，也不敢一個人上樓。她經常因為太思念姊姊而掉眼淚。小馨只能騙她，爸爸帶姊姊去另一個城市玩了。

因為太痛苦，小馨沒辦法再工作。她把講課邀約全部推掉，創業計畫也做不下去。

但是，她仍維持著一週一次的諮商，還有和家暴社工定期接觸。慢慢地，她愈來愈理解自己遭家暴這麼多年以來，心理狀態的轉變，也漸漸地看清楚了施暴者與受虐者的本來面貌。

有一天，很神奇的，小馨突然覺得自己不再害怕。也說不上來為什麼，她突然間不再覺得是自己有錯。

這就是心理師所說的，「有一天，那些『滿身鑽動的螞蟻』會不見。」這種宛如毒癮的家暴受害者情結，小馨突然脫離了。

然後，隨著它的消失，她感覺到一股憤怒不斷地湧出，這是以前她從來不曾有過的。過去，無論前夫怎麼打她，她仍忍不住想是不是自己做錯什麼。她從未對前夫感到這麼氣憤過！

現在，小馨突然醒了。心裡的憤怒，有一半是對自己的：她怎麼這麼傻，之前都沒有看透這個事實？怎麼會讓自己被這個人控制這麼久?!

這是一段神奇的體驗。心理師對她說：「是你終於成功地重建了自我價值感。」

從此，她醒了。

不再恐懼失去一段關係。不再害怕只有自己一個人。她很清楚自己的價值，不需向任何人證明。她要離這些暴力遠遠的。

隔天，她便開始聯絡工作的事情，不久，便與前夫當初反對的合夥對象，成功創立了新公司。

做一個自信的發光體，當孩子的榜樣

一起生活的小女兒不再看到媽媽無助地哭泣，似乎也感受得到媽媽「甦醒」了。小馨帶她進行遊戲治療，並讓她進入共學團體。小女兒會想爸爸和姊姊，她也有勇氣送小女兒到前夫家，讓她探望爸爸和姊姊。

然而，大女兒仍被前夫控制著。雖然始終見不到人，但每到法定的探視時間，小馨總會準時到前夫家門口等待，等上一個小時；大女兒不下樓，她便在門把上繫上一個親手做給大女兒的小禮物。

看來，即便遠離了前夫，大女兒仍會是小馨一輩子最大的遺憾。此時，心理師教給她一個很受用的轉心技巧。

心理師直截了當地告訴她，「你和大女兒的親子關係已經破滅了，因此，此時不要再用一種『母親對女兒』的態度來對待她。因為她即將長成一個少女，往後會愈

來愈成熟，愈來愈有自己的想法。而身為母親的你，也必須以更成熟的模樣作為榜樣，給你的大女兒看。」

原來如此。**如果她繼續因為看不見女兒而哀憐、沮喪，讓自己顯得很慘，只會被女兒鄙視。可是，女兒若看到媽媽自信地在舞台上發光，反而會對她產生好奇，甚至有好感。**

小馨要做一個發光體，而不是碎了滿地的媽媽心。

她知道，她與自己的關係，必須優先於和大女兒的關係。即使一直無法相會，不過若女兒終有一天來找她時，她要教女兒的是如何把頭抬得高高地，活出自己人生的新高度，而不是悲鳴著見不著孩子有多可憐。

徹悟的小馨重新拾起往日的動能。今天，如果你打電話給小馨，她不是正在演講台上，就是正往某個演講場合的路上。她辦了巡迴全台灣的公益演講，分享親身經歷，鼓舞聽眾。

既然忘不掉受過的那些苦，她選擇接納，並且善加運用，轉換成讓自己重新站起來的力量。

6

當一個幸福的單身人

當一個幸福的單身人

自己一個人住的獨居者，平均壽命會比較短嗎？

與家庭一同生活的人，在親密關係中互相滋養、互相扶持，就可以活得比較久嗎？

類似這樣的推論，近年已漸漸被發現錯誤百出。

比方說，二〇一五年，美國心理學家、楊百翰大學心理學教授霍特—隆斯達（Julianne Holt-Lunstad）在一篇論文中聲稱，獨自一人生活者，比有人陪伴者，七年存活率低了百分之二。這份學術研究隨即被貝拉・德保羅（Bella

DePaulo）等心理學者推翻，因為該研究報告整合了高達七十份其他的相關數據，而每份數據對於何謂「一個人活」的定義都不一樣，有的是主觀認為「自己孤單」，有些是被計算出來比較少與朋友聯絡。

舉個簡單的例子：六十五歲的A君雖然從未一個人過生活，但在家裡和伴侶分床睡、只盼伴侶比自己早一步過世。像他這樣的人，並非自己一個人生活，卻被計入以上研究的「一個人活」之中。而A君最後抑鬱而終。

B君是一個人住，但經常和朋友喝下午茶，常常找朋友聊天。由於社交力旺盛，他並沒有被該研究列入「一個人活」的名單中。他獨居到九十多歲，才在朋友邀請下住進療養院，活到一百多歲才過世。

有多少人看起來是兒孫滿堂，令人羨慕，其實無人關懷，心裡孤單得不得了，和伴侶早已無話可說、貌合神離。又有多少人雖然獨居，卻常常與朋友通電話、傳訊息問候、串門子。

一個人過，有時反而才能享受真正的群體生活。而一個家，有時反而可能成了監牢。

我們不必害怕只有自己一個人。事實上，人本來就是一個人來到這世上，一個人離開。「一」是人的本質。

幸福一、建立一種自信，叫做「我不需要人陪」

有一次，在我辦的關於婚姻的座談會上，大家做自我介紹的時候，有一位女性哭得好慘，原來她剛被身為有婦之夫的男友甩了。哭到最傷心處，她聲嘶力竭地大喊：「我都四十幾歲了，以後誰會要我啊！」

大家七嘴八舌地給她建議、鼓勵和讚美。

「看看你自己，很美呀。而且你健康、伶俐、財務自主，絕對不怕找不到下一個。」「不要再跟那個爛咖在一起了。要看得起自己呀！別那麼沒自信，好嗎？」

還有人說要幫她介紹好男人，對她說：「像你這麼好的女人，值得一個更好的男人來疼啊。」

這時候，旁邊有一位年約六十幾歲的阿姨說話了。

「我覺得你的人生目標不太對。」阿姨說：「**你不用怕找不到人陪，因為你根本不需要有人陪。**」

阿姨分享起自己的故事。她在年輕時，也一直希望找一個人陪，於是很快就結婚了。婚後，老公很體貼，卻不幸早逝。

很怕孤單的她，很快便投入另一段感情，然而這一次，她就沒這麼幸運了。她跳入一個淒慘的地獄，那個男人對她非常差。

好不容易脫離了恐怖的前夫，阿姨才發現自己其實不愛他，只是怕孤單。

經過一番思考，她也認清了，並非每個人都適合婚姻。每個人自己合適的、要追尋的目標不同。經歷過兩段婚姻，她發現對現階段的自己來說，自己一個人剛剛好。

「我們好像被洗腦了一樣，覺得一定要找到什麼Mr. Right，如果沒有，找個次級的、還不差的也行。這可是二十一世紀啊！**如果我們把目標設定成『一定要找個伴』，那一輩子都在尋尋覓覓。可是如果不把這個當目標，就會轉往另外一個更好、自己更想要的，努力去達成——無論是事業上的、交友上的、休閒上的或學習上的。**」

感情遇到撞牆時，不免令人感慨：天啊，我浪費了多少青春在這個人身上。

如果換一個角度來看呢？**建立一種自信，叫做「我不需要人陪」，那麼，分手只是回到自己一個人的原點，而兩人在一起的日子裡，那段愉悅的相伴便像是禮物。既然不強迫自己一定要找個人終老，也就不容易勉強自己委曲求全。**

看起來感情好好的老夫老妻，多令人羨慕，然而，每段婚姻當中的辛苦，外人無法得知。有些伴侶表面友好，關上家門，卻是痛苦的忍耐。若為了「有伴」，而待在一段名存實亡的婚姻裡，豈不是很無奈。

幸福二、真正的幸福不會肥，找回婚前的人生初衷

這是我自己的經驗。

某一次參加同學會，跟學長姊和同學們好多年沒見，當我到了現場，覺得大家怎

麼愈活愈顯得年輕了。

沒想到我才剛入場，原本熱鬧的氣氛卻突然靜默下來，大家似乎掩不住詫異地看著我。一開始，我還不知道是怎麼回事，直到我坐下後，有位心直口快的學姊忍不住說了一句：「劉喬治，你……怎麼變那麼胖？」

被這樣講，我心中微微地震了一下。然而，為了面子，我只是輕輕地笑了笑，沒說什麼。

當晚，大家聊得很開心，回憶了許多年輕時的過往，但我心中卻沒有什麼激情，冷冷的，對這些話題都沒有特別反應。大家笑的時候，我也沒有想笑；大家說話的時候，我提不起勁跟話題，只默默地夾菜。而實際上我沒吃多少，碗和盤子都是乾乾淨淨的，啤酒也沒喝幾口。

我心知肚明，同學們其實滿好奇我的近況，不過，看到我有點冷漠、抽離的態度，也就不太敢問。

散會後，我和一位學姊同路到停車場取車。途中，她問我，「還喜歡這次聚會嗎？」

我想了想，然後，很誠實地告訴學姊，「比我想像的無聊多了。同學們都在懷舊，講不完的從前舊事。對我來說，那些都是好久遠的事了。既然大家現在都不一樣了，何必還一直懷舊呢？」

學姊看了我一眼。我猜，她又在看我發福的身材了，彷彿想從我的身材，看出我這些年到底出了什麼事。

我繼續說：「現在的我，只看未來。都當爸爸了，孩子每天都在長大，我實在不想再懷舊什麼。」

此時，學姊冷不防地問了我一句，「劉喬治，你快樂嗎？」

這句出乎我意料的問話，竟讓我整個人愣住，久久不知道要怎麼回答，場面頗為尷尬。僵了一會兒，學姊先開口。

「其實，我也有過類似的經驗。我本來以為自己變成熟了，不再像年輕時注重外表，因為我變成媽媽了，更成長了。沒想到，卻也慢慢變成連自己都不認識的陌生人……」

我聽了，忍不住看一眼後照鏡中的自己，這才發現學姊說得沒錯：鏡子裡的那個「我」，怎麼是一個特大號的陌生人，看起來比實際年齡老了十歲以上。

● 聽過「幸福肥」這個說法嗎？我從自己的親身體驗，倒覺得結婚以後會變胖，不一定是幸福，而可能是因為時間不再是自己的。有了家庭，臨時的插件很多，行程無法只由自己控制。

真正的幸福不會肥。我們反而要想想：**這段關係，真的讓我感到幸福嗎？**或者，我是因為非常不幸福，整個心都累垮了，不想動，才肥起來的？這應該稱為不幸福肥吧。

剛離婚時，回到自己一人。一開始，我很不習慣，也很痛苦，但是漸漸地，我發現自己不像以前在對抗、拉鋸中那樣累了。我想，學姊口中的「陌生人」指的不只是身材，而是在心理上，我好像變成了另一個不同的人。**外表，反映了內心的狀態。**

回想起來，在談判離婚期間，我開始去健身房運動，成功地在短短三個月內減了十公斤。我開心的不是丟掉了脂肪，而是找回了自己。

有趣的是，現在離婚了，我的體重又「回升」了一些些。但是看著微凸的小腹，我卻有一種輕快的感覺。因為**這一次，我會緊緊地抓住自己，不會再輕易地丟失它了。**

幸福三、不用與某個人勉強終老

你有聽過一個人作了噩夢醒來後，就決定離婚嗎？

離婚這件事，原本並不在孟如的規劃之內。的確，她和丈夫之間的問題很多，但是孟如總想著等他們以後老了，一切應該就會愈來愈好。大家不是常這麼說嗎？那些老夫老妻，雖然年輕的時候常常吵架，過了五、六十歲以後，脾氣順了，也吵不動，加上孩子大了，只剩下兩老相依為命，感情繞了一圈，最後還是回來了。船到橋頭自然直，現在的問題，等老了就不是什麼問題了吧。

當丈夫又暴躁地大發脾氣，動作粗魯，她繼續忍耐著，盼望年紀大了，有一天應該會轉好。

當丈夫又酒醉回家，打小孩出氣，她衝去保護孩子，拳頭一顆一顆往身上落下時，她在心裡默念，總有一天他會打不動吧，那時，應該就可以兩人白頭偕老。有個人可以白頭偕老，是孟如對老後的期待。

但是某天，她作了一個夢。夢中，他們夫妻倆一起出去玩，那是她夢寐以求的歐洲之旅。夢裡的她和丈夫都比現在老了不少，孩子上大學了。

場景是在火車上的一間雙人臥鋪裡。但即使在夢裡，丈夫仍不改本性，喝多了酒，突然間又大發脾氣。他的怒氣一發不可收拾，把拳頭舉得高高的，準備揮向孟如。

孟如衝出臥鋪，抓著列車長問下一站在哪裡，但列車長講不上來。原來這是一列永遠不停的火車，它只會一直往前、一直往前。孟如也知道自己哪裡都去不了，語言不通，而且護照在老公那邊。她必須回到臥鋪，繼續接受老公的拳頭，因為他們已經老了，老到再也離不開對方……

孟如嚇壞了！從夢中驚醒，被褥都是汗水。

她知道這個夢的意義，她的婚姻就像是一列沒有下一站的無限列車，直到死亡的那一天，都只會不斷地循環。

而或許這個夢也在暗示著她，等愈來愈老時，她將連離開的力氣都沒有。婚姻這班列車，人愈老，就愈不可能下車。

那就是孟如想離婚的起始點。虛幻的夢，卻給了她現實的勇氣。醒來後，她下定決心，積極地為跳出那班無限循環的列車做準備。

•

心魔，在自己心裡。心病的解鎖者，是自己。

「一」的力量，象徵著自己心裡，無論是在婚姻中或已不在，皆能來去自如，獨自做一個對自己最好的決定的瀟灑。我們要做的只是喚醒自己與相信自己，因為這種「獨立」是每一個人與生俱來的力量。

【真實案例6：莫妮的故事】

謝謝前夫激出她的潛能，考上法律班，保護自己與他人

生命會有自己的出路。

從莫妮在捷運站口，目睹心愛的孩子被前夫搶走的那一天起，她就覺得沒什麼好失去的了。流光眼淚的她，拒絕繼續躲起來喊著痛，她要向前邁步，為自己取得實際能力。

她考上法律學分班，成為當屆唯一為了婚姻、孩子而研讀法律的學生，並準備考司法官。

如今，她反而要感謝前夫——謝謝他，喚醒一隻沉睡的巨獸。

價值觀天差地遠的兩個人

莫妮是國文老師，經由同事介紹，認識了在另一所學校教音樂的先生。當時，他剛滿三十歲，莫妮則是二十七歲，都到了適婚年齡。兩人很快便熟識起來，覺得緣分難得，交往一年後，就決定結婚。

才剛結婚，莫妮卻覺得掉進了地獄。雖然雙方在婚前便知道彼此的價值觀有差異，比如在金錢上，她是該省的會省，但也不過分苛待自己，而男友是能省則省。但她心想男友出身於比較辛苦的家庭，會這樣也很自然。撇開這點，他是個奮發、上進的人。然而，直到開始共同生活，才發現兩人在許多觀念上都天差地遠。

明明兩人雙薪，日子可以過得很愜意，丈夫卻整個人都投入工作，連寒、暑假也排滿課，還另接案子。莫妮想出國玩，香港迪士尼就在旁邊，琉球更近，幾個要好的同事都去玩過了，她卻一次也爭取不到。

婚前，莫妮很愛看電影、跑電影節，常常整個週末泡在劇院裡。但在結婚後，不用說看電影，連外食都不行。

老大出生後，她請了一段時間的育嬰假。那時，她想買一些寶寶的用品，丈夫卻堅持「所有東西都去要二手的就好」，毫無商量的餘地。

莫妮感到婚姻生活的天平嚴重傾斜，夫妻倆從看事情的價值觀、實際的金錢觀到對孩子的教養看法，全都不一樣。

然而，孩子卻一個接一個地出生。剛生了老大沒幾個月，她就懷了第二胎；連老三在內，三個小孩都是不小心懷上的。

離不開，因為好怕只剩自己一個人

老三才三個月大時，丈夫爆發了。他離家出走，並且跟她提離婚，理由很荒謬，竟然是「你太會花錢了。再繼續一起生活下去，恐怕會把我的錢都花光」。

莫妮好委屈。「我只是偶爾想要外食、買點東西。我明明自己有賺錢，為何卻得像乞討一樣地過日子！」她覺得老公的節儉簡直到了變態的地步。

憤怒的丈夫提出過分的要求，主張莫妮應該分一半的房產給他。雖然他們住的這間屋子是登記在兩個人的名下，但是房子是莫妮的家人出頭期款、婚前買的。丈夫威脅她說：「如果你不肯分，我就要離婚。」

當時，兩個女兒分別是五歲和三歲，兒子才出生三個月。莫妮覺得孩子太小，不想離婚。但是丈夫先發制人，將三個小孩全都帶回南投老家，說要留孩子在南投念書。

接著，他霸道地提出另一個要求：如果她還想要這段婚姻，就到南投住，因為「比較省錢」。莫妮還有教職在身呢，要調職沒那麼容易。於是，丈夫「合理地」扣留了孩子一個半月。那是她第一次感受到孩子有可能會不見，而婚姻的情況竟然會這麼可怕。

離婚這件事，不在她的人生考慮選項中。她完全無法割捨。雖然**她其實搞不懂自己到底是無法割捨孩子，還是無法割捨丈夫，或是無法割捨那個已名存實亡的家。**

她好害怕只剩下自己一個人。

●

丈夫終於氣消了，帶著三個孩子回到莫妮身邊。可是此後，他的情緒愈來愈不穩定，一生氣就突然跟她冷戰好幾天。

那年冬天的某天半夜，他因細故而突然暴怒，砸爛了莫妮的手機、推倒家具，木製衣帽架整個砸在莫妮身上，兒子被巨聲嚇醒了暴哭。

由於手機被摔壞，她在驚慌中，無法聯絡任何人，只好背著小兒子跑到家旁邊的派出所求助，並且對老公聲請保護令。

他們分居了。三個小孩主要由母親莫妮照顧。

三個孩子都被他搶走了！

某天，丈夫打電話給她，說想看小孩。莫妮覺得他說話的語氣有點詭異，遂與他約在捷運站出口見面。

她獨自帶著孩子們赴約，叮嚀兩個女兒分別扶好娃娃車兩側，車裡坐著兒子。到現場，竟發現丈夫一車帶了好幾位家人來，來者不善。她感到不對勁，一時之間卻無計可施。

她被丈夫拉著說話時，雙手沒放開過娃娃車，女兒們則在一旁玩。此時，他的一名家人直接抱起大女兒，逕自往車上走去。

莫妮嚇一跳，趕快追上去，大叫：「你們不能帶走我女兒！」

沒想到就在她跑去追老大、暫離另外兩個小孩時，角落冒出第二輛車，車裡又走出好幾個丈夫的家人，一把就抱起了另外兩個孩子，直接衝上車。

兩輛車揚長而去，三個孩子都被帶走了，留下錯愕的莫妮呆立原地。她手裡還拿著兒子剛剛在喝的奶瓶，瓶子仍是溫的，孩子卻不見了，一個都不在了……她突然不確定自己是醒著的嗎？她還活著嗎？

回過神來，她好不容易使出力氣打電話報警。十五分鐘後，警察來了，那兩輛車子早已消失得無影無蹤。即便她後來提告，仍無法改變孩子被帶走的事實。

連續三個月的時間，她完全見不到孩子。

此案調查期間，她遍嘗冷暖。有一位家事調查官看她如此思念孩子，勸她，「媽咪，你十年後再回頭看看這件事，應該會有不同的想法。」莫妮想到一個畫面：十年後，孩子們的確見到了她，但並不是活生生的母親，而是母親的牌位。她自嘲地想，到時她的確會有不同的想法，因為她根本撐不過那漫長的十年，早一步走了。

「既然法律對我不公平，那麼，我要自己成為法律人。」

沒有孩子，沒有家，莫妮好像失去水的魚兒，一個人完全撐不住。

後來經由法官協調，她總算爭取到至少能夠看孩子。

大女兒由於小時候被爸爸打得很凶，情緒控制得不是很好，莫妮得到了接她同住的機會。但由於弟弟、妹妹不在身邊，她在學校的表現也受到影響。

前夫將另外兩個孩子關在南投，莫妮要探望孩子，來回得花上四個小時。每個週末這漫長的探視之旅，是她心裡永遠的痛。

她也一直沒辦法停止心中對自己的自責。回想那天在捷運站口的鬧劇，她無法停止怪自己，為何讓這場婚姻變得如此不堪。

更可怕的是，她有了厭世的念頭。曾想過若小孩真的從此消失在她的世界，那她的世界也乾脆就此消失算了。

她想著：「生離和死別，有什麼不一樣？不如做得更徹底好了。」

萬念俱灰的莫妮，感覺自己一直在往下沉。婚結錯了不可怕；可怕的是，即使離婚了，仍永遠得見到那個人，永遠脫不開與他的瓜葛，那才是最恐怖的。她的一生就這樣了嗎？離婚竟然是這麼的痛，如此令人無法全身而退啊。

此時，腦中突然浮現出一個念頭，救了她。這個想法看似實在不可能達成，但是結論卻又如此顯而易見。

「既然法律對我這麼不公平，」莫妮握起拳頭告訴自己，「那麼，我要來念法律，我要考上司法官。」

最初會冒出這個想法，是孩子們第一次被丈夫硬帶去南投時。整整半年的時間，她沉浸在憤悶中，恨老天為什麼如此不公平。前夫明明就做了一些傷害她的事、對她說了那麼多可怕的話，在法律上卻因為證據不足，而變得微不足道。即使對莫妮造成了永恆的傷害，在法律上卻沒得留下任何痕跡。

這個法律班是為了孩子念的，儘管接下來的兩年會非常辛苦：白天教書，並且要接送、照顧大女兒；晚上則要上法律課程。開始上課之後，每天晚上回到家都已十一點多。

司法官非常難考，錄取率不到百分之一，而且要考好幾年。但是她想以身作則給大女兒看，作為她的榜樣。

另一方面，從孩子的童言童語中，她聽出前夫企圖離間他們的對話內容。即使明知搶回孩子的勝算不高，但是她至今仍繼續在和前夫打官司。

朋友問她，「你既然念了法律，知道這場官司不容易打成功，為何還要繼續？」

其實**這一戰，她也是要打給孩子們看的。她只想讓孩子長大後能知道，「媽媽從來都沒有放棄過你們。」**

打這一仗，既為了孩子，更為自己

過程，就是最好的療癒。自己學了法律以後，莫妮慢慢理解為何會產生這麼多的司法糾紛。

同學們都是社會人士，其中有很多人跟她一樣，在生活中碰上不快的司法事件，讓他們奮發圖強。不過，沒有人像她是因為婚姻和孩子的狀況，而來念法律。回想過去，她發現自己在婚姻生活中，一年比一年愈來愈沒自信。前夫是個強勢的人，儘管兩人都是老師，他卻認定莫妮「沒有用」。當時，請了育嬰假在家顧孩子的她常常被丈夫這麼貶低，讓她漸漸忘記了個人所有價值，甚至開始遠離原本的生活圈，不再和朋友聯絡。

開始學習法律之後，莫妮再度生出了自信。

她想將她的故事分享給所有為婚姻所苦者，告訴大家：人是自私的，你為了別人而活，別人並不見得會為你而活。

接下來，她要往更高的目標走，完成不可能的任務——考上司法官。

直到有一天，我們有能力選擇——
要繼續待在婚姻裡，或者瀟灑地離開，
那我們才是真正的自由。

當我們為自己重新掌握「離」或
「不離」的決策權，
才是人生中真正的喜宴。

【後記】離婚對我來說，痛苦，卻正確

這是一個意外。沒想到有一天，我會成為這樣一本書的作者。

二十八歲與前妻結婚。到了四十二歲，孩子放暑假前的一個星期，我與她搭同一輛計程車到戶政事務所，在雙方律師與各一位證人的見證下，當場簽下了先前談好的離婚協議書，各自離開現場，和平離婚。在這之前，我們結婚了十三年又八個月再七天，再加上一個早上——就是簽下離婚協議書的那個早上。

結婚前，前妻曾去算命，命理師說她和她「老公」（我與前妻同年同月生）在四十二歲那一年，會遇見「人生大劫」。當時，我和她還沒開始交往。

我們都以為，這一場大劫可能是生死之別：其中一個人生了病，或發生了意外。會是誰呢？是她？還是我？記得那時候，我們緊握對方的手，提醒對方以後要小心過馬路、記得每年做健康檢查、好好地互相照顧，手攜手，一起度過那「四十二歲之劫」，並且相約一起活到九十九歲，還有滿屋子的兒女、孫兒女、曾孫兒女……

現在我才知道那位命理師的意思是，那一場四十二歲的大劫，並非發生在我們其中一人身上，而是「同時降臨」在我們兩人的身上。而且，這一場大劫不是意外，也不是疾病。

造成大劫的「凶手」，正是當時那一對深愛對方、緊握對方的手，互相提醒要平安度過四十二歲的——我們自己。

離婚是一生中，最辛苦的劫難之一

剛開始在社會上工作時，曾遇見一位大哥毫不避嫌地告訴我，他和他現任太太都是第二次結婚，雙方各自帶兩個前段婚姻生下的孩子，一家六口住在一起。當時還沒結婚的我，聽了之後，大為驚駭。

「我的人生絕對不會變成那樣！」我在心裡吶喊。

從小看我爸媽幸福美滿，我「立志」結婚，也深信自己會是好男人、好丈夫、好爸爸、好女婿。所以，當時我聽了那位大哥的故事，內心理所當然地升起一股絕對的信心，我絕對不可能走到像那位大哥的那般田地。

「我絕對不可能離婚！」

那時候，事業剛起步的我，也很開心自己在事業、愛情兩得意，即將和所愛的女孩步入禮堂。當時，我寫了一本書向她求婚，詠嘆人世間緣分的美好。然後開心地準備了一場十月婚禮，安排親友桌數、準備婚禮活動、印了喜帖、拍了婚紗、訂了喜餅，我們的家人與好友也從世界各地飛到台北。人生沒有比婚禮當天更美麗的了。

沒想到，短短一年後，在某一個爭吵過後的夜晚，我就上網搜尋了「如何離婚」；一小時後，我已列印了「離婚協議書」一式三份，交到了當時的新婚太太手上。至於那晚我們究竟吵了什麼、用什麼方式吵、吵到何種程度，現在已經全忘了。只記得，那肯定是讓我非常驚駭的事。我只記得當時判斷，這段婚姻再走下去，恐怕只會愈來愈糟，所以趁情況還沒太嚴重時，趕快離婚。

不過，隔天早上，一度領悟所有一切的我，又把這些領悟全都忘光光了。離婚的事，也在淚水過後，擱著了。

想想，如果當時真的離了婚，人生就會完全不一樣。

至於為何不敢離婚？因為，離婚實在「太可怕」。

因為「太可怕」，所以我們一拖就是十三年。

想想，有多少夫妻是這樣子「拖掉一生」的？有些夫妻拖了大半輩子，等到一方因為長期在婚內抑鬱而罹癌病逝，另一方則竊喜解脫。

我家住在河邊、離山不遠的科技園區。我經常望著窗外：有時，鳥兒站上窗台，叫了幾聲，另一隻鳥兒就會飛過來，站在牠旁邊。看起來，牠們似乎很開心找到了對方，然後，兩隻鳥一起拍翅飛走。看著看著，我悵然不已——

生為鳥，似乎比生為人還快樂！在婚姻最痛苦的時刻，我想，至少鳥兒可以飛得高高的，不被關在一個叫「家」的地方，也不會從高樓摔落而死。而我，哪天想不開，說不定就掉下去了。我終於知道什麼是比噩夢更恐怖的事，那就是——「逃不出去的噩夢」。對當時的我來說，那個噩夢有個名字，叫做「婚姻」。

1的力量

每天搭車子返家的路上，總會經過一座高架橋，橋邊有一些窗子，雖然窗簾緊緊拉上，仍滲透出暖黃的燈光。一棟大樓就有好幾十扇這樣的窗。我會仰頭看著這些窗，悲愴地想：「為什麼他們都有『家』，我沒有？」

奇怪，我明明就有家啊。這輛車不就正以時速八十公里，載著我接近一個叫做「家」的地方嗎？但為什麼我卻微微地害怕著它。到底在害怕什麼，說不上來。或許，是一對已經形同陌路的夫妻之間，比冰點還低的冷漠。或許，是預知了離婚過程將是全世界最恐怖的雲霄飛車，將在一秒內把我拉進谷底。最後我發現，讓我最害怕的其實是當我抵達家門，掏出鑰匙之後，不知道今晚那一扇門後，有什麼在等著我。

現在回想起來，那些等著我的都不是什麼大不了的事，不過就是一個必定走上離婚一途、正在「聽牌」的準備破碎的家庭。兩個孩子在裡頭嬉戲，女主人在做菜，我一回家就極力扮演好爸爸、好老公。然後，下一分鐘，一件小小的事，又再次引爆我們彼此之間的恩恩怨怨，空氣瞬間燃燒到頂點、或寒酷到冰點。「來啊，來離婚啊！」這種惡辣辣的叫囂不斷出現在我們的對話中。兩個曾經誓言地久天長的人生伴侶，在那一刻，卻都視對方為彼此人生中最邪惡、最狡猾、最過分的敵人，兼最狠的仇人，再兼從來沒在任何電影中看過的、史上最惡劣的「壞人」！

當時的我既無奈又無力，於是，我又動筆了。就在前妻帶孩子離家出走的某個中秋連假，短短三天內，我幾乎不吃不睡地埋頭寫完一部八萬字的長篇小說；隔一年，再寫了一本長達二十萬字、共五十篇的小說集。我不管這些小說和結婚前的那本求婚之書，擺在一起是多麼荒謬、可笑。我甚至不管這些作品會不會毀了我那所謂成功、正面的商業作家「形象」。當時，我實在被一場失敗的婚姻給折磨得哪裡也去不了，只能將憤怒發洩在文字裡。

現在回想，那時候的我，也真的是瘋了。畢竟，一隻鳥兒被關在一個叫做婚姻的籠裡，每天對牠施以各種不愉快，讓牠看到外面的天空，卻將牠關著出不去，牠肯定會瘋的。雖然從頭到尾，並沒有任何籠子，大門明明就在那裡，行李箱家裡就有，打包只需要三十分鐘，外頭有很多地方可以暫居。並且說真的，我沒有遭到真正的身體上的酷刑。

對外，我可以經營大公司、接手大客戶、做大專案。但，面對「婚變」，我竟然比一隻籠中鳥還無力！

無力的是——這個家，要怎麼不見？這些東西，要怎麼搬？最重要的是，孩子。終於體會為何人家說孩子就像身上的一塊「肉」，因為一想到離婚將造成我再也無法每天見到自己的孩子，單單只是想像，就如同是割肉之痛了！再想到，孩子可能因為父母離婚，而在心中留下深深的傷口、一輩子的疤痕，我真的只想搥頭大哭。不，我不許，我不能讓這樣的事情發生在我的孩子身上。

離婚的過程，太多禁忌

所以，離婚中的人，心中實在有太多太多的恐懼——關於離婚。

關於離婚後，對孩子造成的陰影，那一片未知的烏雲。

關於離婚後，自己是否能再次站起來，再次找到人生。

或，只是「離婚」兩個字，就令我們望而生畏！它代表一個不能多說（也沒人想多聽）的禁忌。奇怪，**在二十一世紀，我們可以大聲談性別平權、同婚，「離婚」一詞卻仍是諱莫如深。**

由於離婚是如此讓人難以接受，於是，結婚後的兩人即便已經分床睡，即便已經冷淡如冰，仍然得勉勉強強地繼續湊在一起，因為有太多太多的東西和對方是「拆不開」的。我們不是不願意談，而是我們有太多條件令對方無法接受，隨便動一步，輕輕一扯，對當時的我們來說，都會破成碎片，掉滿地了。

最後的「離婚衝刺」，我也花了至少五年的時間。五年前，我拿著當時我「蒐證」的東西，找了全台北至少六家律師事務所，播放給他們看，講我的故事給他們聽，重複地問律師一樣的問題：「我要如何搶到小孩？」

這個問題，又衍生出更多、更多的問題：孩子必須上法庭嗎？孩子必須選跟爸爸或媽媽嗎？問了好久，大部分的問題都沒有明確的答案，有答案的也都是悲觀的。該怎麼辦呢？我在經營公司的時候，可以掌握很多事情，清清楚楚的。從來沒有一刻像現在，心中如此徬徨，又如此孤單。

當我努力處理離婚的事，追求更好的人生，身邊沒有一個聲音，可以比我更堅定、更勇敢地告訴我：「**是的，你的方向是對的！**」

更沒有人告訴我，現在我所看到在離婚「怨偶」之間，上演的各種折磨人的八點檔劇情，等到離婚後，一切終會回歸正常，所有的狂風暴雨都會雨過天青。

甚至，當我一度認為所有的錯都在她，我是百分百的好人；到了離婚後，誰是好人，誰是壞人，誰是加害者，誰是受害者，也都改觀了。

我將看到，不只我在受苦，她也真的在受苦。我們兩人因為緣分，出現在同一個地方，也因為珍惜緣分而接受了對方成為一生的伴侶，沒想到，迎來的卻是十三年又八個月的噩夢。要到好一陣子之後，我們才會知道，這噩夢真的不是任何一方的錯。**我們都是好人，只是不適合與對方結婚而已。**

不一定要離婚，才能擁有一的力量

所以我想強調，這本書書名的「一」，不是要離婚。「一的力量」並不等於「離婚的力量」。

一的力量，是敢於在兩人的世界中，找到一個獨立的自己，不會被一場婚姻而變成籠裡的小鳥。牠可以飛出去，牠也可以飛回來，牠還可以照顧到其他的家人，當然，還包括當年曾經深愛的那個伴侶。

甚至，讀了這本書，有了力量，看清楚了婚姻的本質，或許，反而看到婚姻的好，開始珍惜現在的幸福，而願意回到婚姻中，再一次地給自己與對方機會。

兩個人在一起，應該要更有力量，但往往反而變得更懦弱、更無知、更被自我蒙蔽。我們必須檢視那個埋藏在最深處的問題，也就是婚姻這件事本質上的缺陷。

想想，如果可以勇悍一點，不在乎是否必須與另一個人一起，或者不一定要「那樣子」在一起，會不會就不至於這麼脆弱？會不會就更有「力量」？

當時的我還無法想這麼多，因為木已成舟，時光無法復返，我只能先處理我當下的婚姻噩夢，讓它趕快順利地結束。

那段婚姻的告終，讓我有了領悟。也就是這樣，更加深了我的決心，想要寫這麼一本書。

每一件離婚，都是非常偉大的工程。能一起經歷這一段的兩個人及孩子們，和雙方其他的家人、朋友們，都是偉大的人。

在過程中，難免會經歷撕裂般的痛苦。然而，如果是一個內心夠堅定與篤定、沒有游移的獨立個體，可以將痛苦轉化為「重新創造」的力量。

命理師是對的，四十二歲的我，的確發生了一場大劫。

但他說得不太對的地方是，經過大浩劫，我變成了「大幸運」。

如今我很慶幸，當年沒有視而不見、渾渾噩噩地，勉強維持那一段既錯誤又痛苦的婚姻，讓它再繼續打延長賽至我的五十歲、六十歲、七十歲，直至棺木闔上才來後悔。

好在我意志堅定地衝了出去，揭開了婚姻的真相，也看到了自己所擁有的人生潛能。祝福你，也能找到屬於你自己的力量，和它在一起，或許還在婚姻中，或許離婚，或許再婚……

找到了自己，快樂無比。

●

謹以此書獻給：提拔我的貴人；願意與我同住、並忍受我這個剛學會煮菜的單親爸爸的，我的兩個可愛孩子；以及，每天讀我的日記的「你」。

【新書分享會】

「1」的力量

走出離婚低谷，30個過來人經驗，陪伴你自信重生

Mr.6 劉威麟（單親爸爸）◎著

2021／04／17（六）

時間｜7：00PM

地點｜金石堂信義店5樓

（台北市大安區信義路2段196號，近捷運東門站，鼎泰豐隔壁）

洽詢電話：(02)2749-4988

＊免費入場，座位有限

國家圖書館預行編目資料

「1」的力量——走出離婚低谷，30個過來人經驗，陪伴你自信重生／劉威麟（Mr. 6）著. --初版. --臺北市：寶瓶文化事業股份有限公司, 2021.3, 面； 公分. --(Vision；209)
ISBN 978-986-406-231-7(平裝)
1.離婚 2.婚姻 3.兩性關係
544.3 110003519

Vision 209

「1」的力量
——走出離婚低谷，30個過來人經驗，陪伴你自信重生

作者／劉威麟（Mr. 6）

發行人／張寶琴
社長兼總編輯／朱亞君
副總編輯／張純玲
資深編輯／丁慧瑋　編輯／林婕伃
美術主編／林慧雯
校對／丁慧瑋・陳佩伶・劉素芬・劉威麟
營銷部主任／林歆婕　業務專員／林裕翔　企劃專員／李祉萱
財務主任／歐素琪
出版者／寶瓶文化事業股份有限公司
地址／台北市110信義區基隆路一段180號8樓
電話／(02)27494988　傳真／(02)27495072
郵政劃撥／19446403　寶瓶文化事業股份有限公司
印刷廠／世和印製企業有限公司
總經銷／大和書報圖書股份有限公司　電話／(02)89902588
地址／新北市五股工業區五工五路2號　傳真／(02)22997900
E-mail／aquarius@udngroup.com

法律顧問／理律法律事務所陳長文律師、蔣大中律師
如有破損或裝訂錯誤，請寄回本公司更換
著作完成日期／二〇二〇年十二月
初版一刷日期／二〇二一年三月
初版二刷日期／二〇二一年三月二十九日
ISBN／978-986-406-231-7
定價／三三〇元

寶瓶文化事業

愛書人卡

感謝您熱心的為我們填寫，
對您的意見，我們會認真的加以參考，
希望寶瓶文化推出的每一本書，都能得到您的肯定與永遠的支持。

系列：Vision 209　**書名：「1」的力量——走出離婚低谷，30個過來人經驗，陪伴你自信重生**

1.姓名：＿＿＿＿＿＿＿＿　性別：□男　□女

2.生日：＿＿＿年＿＿＿月＿＿＿日

3.教育程度：□大學以上　□大學　□專科　□高中、高職　□高中職以下

4.職業：＿＿＿＿＿＿＿＿

5.聯絡地址：＿＿＿＿＿＿＿＿＿＿＿＿＿＿＿＿＿＿＿＿

聯絡電話：＿＿＿＿＿＿＿＿　手機：＿＿＿＿＿＿＿＿

6.E-mail信箱：＿＿＿＿＿＿＿＿＿＿＿＿＿＿

□同意　□不同意　免費獲得寶瓶文化叢書訊息

7.購買日期：＿＿＿年＿＿＿月＿＿＿日

8.您得知本書的管道：□報紙／雜誌　□電視／電台　□親友介紹　□逛書店　□網路
□傳單／海報　□廣告　□其他

9.您在哪裡買到本書：□書店，店名＿＿＿＿＿＿　□劃撥　□現場活動　□贈書

□網路購書，網站名稱：＿＿＿＿＿＿＿　□其他＿＿＿＿＿＿

10.對本書的建議：（請填代號　1.滿意　2.尚可　3.再改進，請提供意見）

內容：＿＿＿＿＿＿＿＿＿＿＿＿

封面：＿＿＿＿＿＿＿＿＿＿＿＿

編排：＿＿＿＿＿＿＿＿＿＿＿＿

其他：＿＿＿＿＿＿＿＿＿＿＿＿

綜合意見：＿＿＿＿＿＿＿＿＿＿＿＿＿＿＿＿＿＿＿＿＿＿＿＿＿

11.希望我們未來出版哪一類的書籍：＿＿＿＿＿＿＿＿＿＿＿＿＿＿＿＿

讓文字與書寫的聲音大鳴大放

寶瓶文化事業股份有限公司

（請沿此虛線剪下）

廣 告 回 函
北區郵政管理局登記
證北台字15345號
免貼郵票

寶瓶文化事業股份有限公司 收

110台北市信義區基隆路一段180號8樓

8F,180 KEELUNG RD.,SEC.1,

TAIPEI.(110)TAIWAN R.O.C.

（請沿虛線對折後寄回，或傳真至02-27495072。謝謝）